JN070204

世界の
不動産経済の
潮流

ジャパン・トランスナショナル
坪田 清

プラチナ出版

はじめに

　世界の不動産ビジネスはあるときは穏やかに、あるときはきつく連繋している。私はこれを「グローバル不動産経済」と呼んでいるのだが、この全体像を説明することは容易ではない。生き物の仕組みの説明と似た多数の錯綜した出来事の総合体、それが「グローバル不動産経済」なのである。

　本書は2015年6月から2023年7月まで、日本最大の不動産流通会社である三井不動産リアルティから依頼を受けて連載していたもののほか、同社のメルマガに連載していた100本以上のコラムを出版社に依頼して編集し直し、市販図書として発刊するものである。その内容は、これらの「多数の錯綜した出来事」の中の主要なものをおおまかに時期別に分けて、かつトピックスに取り上げ、何が起こったかを報告するものである。基本的に、私の主観は最低限度にとどめ、海外のメディアが報じたことを読みやすく整理した。

　本書では為替の換算レートは次のようなポリシーで注記している。

　本書の為替レートは引用した部分がメディアで出た時点の近辺のものを使用している。したがって、為替レートは一見するとバ

ラバラに見えてしまうと思う。

　海外の不動産ビジネスを日本語で書く場合、使用する為替レートに関する決定版はない。本書ではあくまで大まかな数字感覚をつかむための注記と考えていただき、さらにこれにヒューマンエラーが加わる可能性にもご注意いただければと思う。

2023年12月

坪田　清

CONTENTS

CHAPTER 3

トランプ大統領が誕生

2017年1月→12月

CHAPTER 4

習近平国家主席、終身化へ道
2018年1月→12月

CHAPTER 5

平成から令和へ
2019年1月→12月

CHAPTER 6

新型コロナウイルスが世界中で蔓延

2020年1月→12月

CHAPTER 7

東京でオリンピック・パラリンピック開催

2021年1月→12月

CHAPTER# CHAPTER 8
ウクライナ戦争勃発

2022年1月→12月

CHAPTER 9

イスラエル・ガザ紛争再発

2023年1月→7月

装丁・本文デザイン／吉村朋子　DTP／トウエンティフオー

CHAPTER 1

気候変動・
パリ協定採択

2015年6月→12月

マンハッタンでさかんな
「超豪邸マンション」売買

　ニューヨークでは今、日本では考えられないような超高額のマンションの売買が盛んです。ざっくり言って坪単価で2,000万円から3,500万円、一住戸30億円から100億円です。

　先日は21,500sqft（square feet）（604坪）のマンションが1.5億ドル（188億円）の希望価格で売りに出されました。坪単価では約3,104万円になります。日本で最も高額なマンションはだいたい坪1,000万円程度なので、面積の測り方の相違を無視した単純な比較では3倍くらいになります。

　広さも比べ物になりません。今回のマンションは「トリプレックス」といって、一住戸が3フロアにまたがったものです。2フロアにまたがった、日本で「メゾネット」と呼ばれるタイプの住戸は「デュープレックス」と呼びます。「トリプレックス」はニューヨークでも比較的、珍しいですが、「デュープレックス」はたくさんあり、上の階に主寝室や子供部屋等のプライベートな空間、下の階には玄関や来客接待用のリビング、20人ほどが座れるダイニングルーム、映画室、フィットネス用の部屋などが配置されるものが多いです。

　しかし上には上があります。住宅価格が高いことで有名なモナコでは、たてに5フロアが連結された超高額マンションの販売予定が昨年、明らかにされました。予定価格は4億ドル（500億円）です。このクラスになると、買うことができる人間は極端に限ら

れてきます。買うとするとたぶんセカンドハウス（3、4番目？）と
してでしょう。資産額100億ドル（1.25兆円）はないと、この値
段のセカンドハウスは買えないと思います。今年（2015年）のフ
ォーブスの富豪ランキングで見ると、そのような民間人は世界に
124人しかいません。

（ドル＝125円／2015年6月5日近辺のレート）

三井不動産リアルティ㈱発行REALTY real-news Vol.1 6月号　2015年　掲載

王女誕生にわくロンドンは、
投資も活発だった！

　ヨーロッパの不動産市場で海外からの投資を最も多く受け入れている国は断トツにイギリスで、これにフランスとドイツが続きます（ちなみに直近で海外からの不動産投資が急増しているのは、元気をとり戻し始めたスペインです）。ロンドンには世界中からの投資資金が集まっています。日本からは見えにくい投資元としては、ロシア、ブラジル、カタール、南アフリカなどがあります。四か国とも、いわゆる「資源国」です。

　ロシア人はロンドンの高級住宅を買いあさりましたが、ペーパーカンパニー名義や信託名義で取得されるものが多く、うさんくさく見られてもいます。ブラジル勢は昨年（2014年）11月にシティにある「タケノコ」に似た外観の名物ビルを7.26億ポンド（1,408億円）で買いました。このビルは地元では「ガーキン（きゅうり）」というニックネームで呼ばれ、再保険大手のスイス・リが入居しています。

　カタールはテムズ川沿いに建つ「ザ・シャード」というヨーロッパで一番背が高いビル（87階建て・310m）の建築資金を出し、他の多数の不動産や有名デパートのハロッズ、さらにサッカークラブも買収、FIFAでわいろ疑惑が取りざたされている2022年ワールドカップの開催権も取得し、一時期まで、向かうところ敵なしでした。しかしたとえばその「ザ・シャード」はこの7月で竣工

から2年が経ちますが、オフィス部分は未だにがら空きです。

　カタールは「今後は商業的な採算も考慮して投資先を決める」という趣旨の発表をし、世界を苦笑させました。

　ロンドンでは住宅市場も、昨年（2014年）の半ばごろまでは上昇の一途でした。しかし8月ごろから勢いが消え、秋にはデータ上も勢いが鈍ったことがはっきりしました。これは政府による住宅ローン規制や豪邸税（豪邸にだけかける税）導入問題などの影響もあります。

（ポンド＝194円／ 2015年6月26日近辺のレート）

三井不動産リアルティ㈱発行REALTY real-news Vol.2　7月号　2015年　掲載

GEリアルエステートが
世界の全不動産、
300億ドル（3.69兆円）分を一括売却

　昨年（2014年）11月にGEリアルエステートの日本部門（日本GE）がマンション約１万戸強を1,900億円でアメリカのファンド大手ブラックストーンに売却した話は、世界的な話題になったのですが、それがもっと大きな話の前触れであったことが今年（2015年）４月に明らかになりました。

　GEは日本所在の不動産だけ売り払うつもりだったのではなく、世界中に保有する不動産すべてを売ることにしていたのです。その額、総額で約300億ドル（3.69兆円）です。売り方も豪快で、前出のブラックストーンが丸ごと一括で購入します。昨年（2014年）の日本のマンション・ポートフォリオ売買は、GEとブラックストーンのいわば「お手合わせ」だったようです。さらにこの話はGEがジャック・ウエルウチCEOの時代に急拡大させた巨大金融子会社・GEキャピタルを通じて行ってきた金融業から、ほぼ完全撤退するという話の一環でもあります。

　まだ不動産部門が独立していなかった「GEキャピタル」の時代、同社は日本で巨大不動産投資をしました。1999年に破たんした東邦生命が保有していた不動産のバルク買いがそれで、看板ビルは渋谷の坂の上に建つ非常に瀟洒な同社の本社ビルです（このビルはその後「渋谷クロスタワー」と名を変えて、後にあるリートに売却された）。このディールは日本不動産市場への外資、ハゲ

タカの登場という意味でも、とてもショッキングなものでした。

　GEリアルエステートという会社は不思議な会社で、前述のように300億ドル（3.69兆円）もの不動産を保有していたにもかかわらず、少なくとも近年は新聞に載るような著名ディールをしたことがない筈です。日本での賃貸マンション・ポートフォリオも地道な開発なり取引なりを重ねて築き上げたものだと思われるのですが、海外でも耳目を引く「トロフィー型不動産」には目もくれず、現地の実情に合わせて中小規模の投資を積み重ねていたのではないかと思われます。

（ドル＝123円／ 2015年6月26日近辺のレート）

三井不動産リアルティ㈱発行REALTY real-news Vol.2　7月号　2015年　掲載

主なテナントを固めてから
着工するのがアメリカでの基本

　アメリカでは（他の多くの経済成熟国でもそうなのですが）、オフィスビルは「主なテナントを固めてから着工する」のが王道です。テナント未確定のうちに着工するのは「スペキュラティブ・インベストメント（投機的投資、博打的投資）」と呼ばれるほどです。

　これには不動産融資の慣行が大きく絡んでいます。アメリカの商業不動産は多くの場合、プロジェクト専用のペーパー子会社（SPC）を設立し、資金はその子会社が借り入れる形を取ります。ビルからの収入だけでは銀行への返済ができない事態に陥った場合、親会社はその当該子会社を倒産させ、その結果、ビルの所有権は銀行に移ります。そして親会社にはそれ以上の返済を求められないのです。この「それ以上の返済を求められない」ことを「ノン・リコース（非遡求）」といい、このようなローンを「モーゲージ・ローン」と呼びます。日本の「不動産担保融資」とは別物です。

　ちなみにノン・リコース・ローンで史上最大の踏み倒しを行った不動産会社は、カナダのデベ最大手、オリンピア・ヨークです。同社はロンドンのカナリー・ウォーフ（ドッグランド再開発）プロジェクトで大失敗をし、1992年、当時のレートで約1兆円を踏み倒しました。

　アメリカでは「スペキュラティブ・インベストメント」は主にニ

ューヨークとサンフランシスコで見られ、特に前者で近年、これ
が盛んです。しかし一部のプロジェクトは竣工後もかなりの空室
を抱えるようになりました。代表例はワン・ワールドトレードセン
ターです。部分オープン後6か月経った時点でまだオフィス部分
の3分の1が空室で、今後のテナント付けの展望が見えません。
同ビルはアルカイダによる同時多発テロで倒壊したワールド・ト
レードセンター跡地に建てられた、高さが541mとアメリカを含
む西半球で一番背が高いビルです。

三井不動産リアルティ㈱発行REALTY real-news Vol.3　8月号　2015年　掲載

日本ではなぜ
「スペキュラティブ・インベストメント」
が多いのか

　日本ではテナントが固まっていなくても賃貸用オフィスビルの建築を着工する例が過半であり、これは世界の先進国・経済成熟国の常識から見ると例外的なわけですが、なぜ日本ではこのような「スペキュラティブ（投機的・博打的）なインベストメント」が多いのでしょうか。その最大の理由は「それでもなんとかなってきた」からでしょう。

　他の理由もあげたいと思います。それは事業にかかわる「土地代」の問題です。日本の大手デベは多くの場合、用地を買うなり別の形のコストを払って事業機会を確保します。用地確保段階で事業費全体のだいたいまあ3割程度を支出し、従ってこの段階でもう後戻りはできなくなっています。つまり日本のデベがスペキュラティブなデベロップメントを決断しているタイミングは建築工事着工時ではなく、用地取得時なのです。

　一方、アメリカを例にあげると、オフィスビルは借地上に建っていることが非常に多いことがわかります。アメリカの借地の慣行では「権利金」とか「借地権設定対価としての一時金」のようなものはありません。年間の借地料というのは、土地利用料の分割払いのようなものですし、そもそもの土地価格が東京と比べると非常に安く、さらにその分割払いですから「事業用地確保」のためのコストは日本でのコストと比べると微々たるものなのです。

　その他の理由を含めてひと言でいうと「マーケットの構造が異なる」といえます。世界の常識は日本では非常識であり、従って日本では通じません。「テナントが決まらなければ土地は買わない」という姿勢では、日本ではお話になりません。海外のデベは日本でのこの常識について来られず、従って世界に名だたるデベでも日本に進出しているところは皆無です。

三井不動産リアルティ㈱発行REALTY real-news Vol.3　8月号　2015年　掲載

アメリカで二極化する
好調なSCと不調なSC

　アメリカのSCリート上位三傑は1位サイモン・プロパティ、2位ジェネラル・グロウス・プロパティーズ、3位メイスリッチなのですが、その1位が3位に対して敵対的買収を試みるという事件がこの3月に勃発しました。結局、このM＆A話はメイスリッチ側からの根強い抵抗にあい、実現に至りませんでした。

　一般論としてアメリカのSC業界の業績は下降気味なのですが、その中でサイモン・プロパティとメイスリッチは例外的に好調です。アメリカのSC業界が不調に陥った当初の原因は、リーマンショックをきっかけとする個人消費の減退でした。

　その後、アメリカ経済はかなり回復、しかしそこへ新たな厄災が降りかかります。コストコ他の低価格路線のチェーンの拡大も痛いのですが、「インターネット通販」の加速度的な広がりから受ける影響も深刻です。直撃を受け、閉鎖店舗がいくつもある、中には閉鎖店舗のほうが多いSCも出てきました。店が開いていないわけですからお客様が来るわけもなく、このような状態を「ゾンビ化」と呼びます。昔、SCがゾンビ化する原因は、近傍にそのSCを大きく上回る新しいSCができてしまうことでした。大型のSCのほうへ行けば既存のSCの品ぞろえは全部ありますから、もう小さなほうには誰もいかなくなるわけです。

　ところがインターネット通販に対しては店が「大きい」だけでは

対抗できません。今、この打撃をもろに受けているところが多いのです。

　そのようななか、サイモン・プロパティとメイスリッチのSCは好調なわけですが、両社に共通しているのは高級路線のSCだということです。これは非常に示唆に富む話です。「高級路線のSC」の主たる顧客層である高額所得者は、買い物の際に事前にインターネットで深く調べたりせずに、店舗での店員さんのアドバイスや、実物同士の見比べで決断する傾向が高いことがわかっています。高級路線のSCには「インターネット通販」では代替できない可能性のあるものがあるようです。

三井不動産リアルティ㈱発行REALTY real-news Vol.4　9月号　2015年　掲載

アラモアナ・ショッピングセンターの驚くような売買価格

　ハワイのアラモアナSCは今では全米第16位の規模ですが、昔は全米最大だった時期もある巨大SCです。その25％持分が13.7億ドル（1,660億円）で売却されることが３月に報じられました。売主は米SCリート第2位のジェネラル・グロウス・プロパティーズです。100％持分に換算するとなんと54.8億ドル（6,630億円）になりますが、この物件の過去の売買価格を知る者にとっては、驚異的な価格です。

　昔、この超巨大SCを開発したのはハワイの海洋土木が本業のデリンガムという会社です。同社は副業として同SC以外にも中小の不動産をいくつも保有していました。しかし多額の不動産の含み益が株価に反映されていないとして活動家株主からの攻撃を受け、すべての保有不動産を売却して株主に還元することにしました。アラモアナ・ショッピングセンターはその際の目玉物件として売りに出されたわけです。1982年に行われた入札の１番札はダイエーの3.2億ドル（387億円、当時のレートで約800億円）で、２番札より約１億ドル（121億円、当時のレートで約240億円）も高いものでした。

　その後、ダイエーは1999年にこのSCを約８億ドル（968億円）で先のSCリート、ジェネラル・グロウス・プロパティーズに売却しました。この間に増床等、そこそこの追加投資をしているので、

単純に3.2億ドル（387億円）が8億ドル（968億円）になったわけではありませんし、それが今回単純に54.8億ドル（6,630億円）の評価になったわけではありませんが、それぞれ大変な利益を得たことは間違いありません。なおジェネラル・グロウス・プロパティーズは同SCで現在も大規模増床の工事中です。

　ちなみにダイエーは1990年代後半から経営悪化が表面化、後に経営破綻しました。ジェネラル・グロウス・プロパティーズも2009年に経営破たんした後、ファンドのブラックストーンの手で再生に成功し、現在に至っています。

（ドル＝121円／2015年8月28日近辺のレート）

三井不動産リアルティ㈱発行REALTY real-news Vol.4 9月号 2015年 掲載

中国・デベ準大手のデフォルト懸念が
アジアの金融市場に影響を与える

　今年（2015年）の上半期、中国の不動産会社のうち、世界のメディアを最も騒がせたのは「佳兆業集団」という深セン本拠のマンションデベ準大手です。同社は香港市場でのみ上場、積極的に外貨建てで資金調達をしていたのですが、社債のデフォルト懸念から世界的な大騒ぎを引き起こしました。

　デフォルト懸念が公然と言われ始めたのは1月初めです。この時点で、佳兆業はすでにHSBCからの外貨建てローンの金利を支払えないという事態に陥っており、さらに会長が辞任していることも判明、今後、外貨建て社債の返済にも窮することも明らかになったのです。

　ローンとは異なり、社債の支払いは待ったなし（香港では30日間の猶予制度がありますが）です。「待ったなし」というのは、デフォルトが確定すれば、その会社の社債の流通価格がただちに無価値同然に下落するということです。そのような会社は二度と社債市場では相手にされません。つまり一旦デフォルトを起こすと社債による資金調達の道が閉ざされてしまうのです。銀行もそれにならいます。企業にとっては致命的な話です。

　話は飛びますが、投資における世界的人気商品の「ハイイールド債（高利回り債）」には「USハイイールド債」「欧州ハイイールド債」「アジア・ハイイールド債」等があります。　いずれもデフォ

ルトのリスクが比較的高い会社により比較的高い利回りで発行された証券から組成された金融商品です。

　「アジア・ハイイールド債」の中身の過半を占めていたのが「佳兆業」のような中国本土のデベの外貨建て社債です。「佳兆業」の一件を受けて中国デベの社債全体が嫌われ、1月末以降、アジア・ハイイールド債価格までもが大幅下落するという事態に陥りました。

三井不動産リアルティ㈱発行REALTY real-news Vol.5 10月号　2015年　掲載

火が付いていた
「中国ガラガラポン」の導火線

　佳兆業の一件の経緯を整理してみましょう。年明け早々に明らかになったのは、同社が昨年（2014年）末に外貨建てローンの金利を払えず、またその直前に同社の会長が辞任していたことでした。その後、マンション事業での共同事業者から違約による合弁の解消を請求されました。借入金は公表数字の倍以上であること、手元現金は決算書よりもはるかに少ないことも明らかになりました。資金繰りの窮状を見て、天津本拠のデベ、「融創中国」が救済買収に入ろうとする局面も生じました。

　佳兆業が突然、資金繰りに行き詰まった理由も明らかになりました。中国ではマンションの販売時にはその都度、当局からの許可を得なくてはいけないのですが、深セン市当局が佳兆業の11のプロジェクトに関して、理由を明かさずにこれを凍結していたのです。

　販売許可凍結の理由は今も明らかにされていません。しかし誰もが考えたのは中国で進められている腐敗摘発運動との関連です。深センでは市の元公安トップが昨年（2014年）、別の不動産がらみの収賄で拘束されていて、この拘束の直後、佳兆業の創業3兄弟は香港へ逃げ出していました。それほど3兄弟はこの元公安トップと親しかったのです。

　佳兆業の問題が一大事件とされたのは、この一件が同社に限

った個別特殊な事件とはとても見えないからでした。決算書の信用度にしてもパージのとばっちりにしても、構図的にはどの中国のデベでも起こりそうな話なのです。投資家がこれを嫌うと、不動産セクターが外貨建ての資金調達ができなくなり、いくつものデベが大変な窮地に陥ります。

　この窮地を救ったのは、佳兆業の本拠地・深センでのマンション市場の好転の本格化です。年初ころから中国の巨大都市では市況が改善していたのです。また市当局にしても、事態の広がり方は予想外だったはずです。昨年（2014年）末に辞任した同社の会長は元の職に復帰、販売停止は徐々に解除されました。こうしてうやむやな部分を残したまま、「中国ガラガラポン」の導火線に着いた火はまた一回、消し止められたのでした。

三井不動産リアルティ㈱発行REALTY real-news Vol.5 10月号　2015年　掲載

アメリカの変わり種リート／
刑務所リート

　アメリカは世界でも突出した「リート大国」であり、またお国柄のためか、「変わり種リート」も目立ちます。最も有名な物は「刑務所リート」でしょう。2社が上場していて、片方は約100か所、もう片方は約60か所の刑務所（矯正施設）を運営しています。

　なぜ刑務所がリートになったのかは、若干の説明が必要です。それはテネシー州が1984年に刑務所業務を部分的に民営化したことから始まります。刑務所運営費用の増大に悩んでいた同州は、民営化したほうが効率化が図られて安上がりになると考えたのです。

　その後、民営化の動きはアメリカ全土に広がり上記2社も事業規模を拡大し続けて上場、2013年にともにリートに「衣替え」したのですが、このくだりも若干の説明が必要です。

　アメリカでは「リート」というのは「法人税法上の概念」、すなわち普通の株式会社が一定の要件を満たしていることにより税が課税されないという税法上の制度だと理解したほうが良いのです。専用の法律に基づいて「リート（不動産投資信託）」という特殊な器を用意する日本の制度とは大きく異なります。このような定め方をする国はアメリカ以外にイギリス他、いくつもあります。2社とも事業形態を少し整えれば「リート適格」になり課税上の優遇を受けられたのでリートとなることを選択したのであって、日本

のリートのように当初からリートとなることを目的としていたわけではありません。

　「民営化」という枠組みではその会社は利益を追求するのが当然です。利益を追求すればこそ効率性も追求され、その結果、公共の負担も減って安上がりになるという論理です。実際、費用効率の実績を調べると単純な比較では民営化したほうが受刑者一人あたりのコストが安くなっていました。ところが、民営刑務所はコストのかかる受刑者を州の刑務所のほうへ送って負担を免れているので、コスト安は見かけ上の物だとの反論もあります。なんともアメリカ的な議論です。

三井不動産リアルティ㈱発行REALTY real-news Vol.6 11月号　2015年　掲載

アメリカの変わり種リート／
無線アンテナリート・
屋外広告板リートほか

　アメリカのその他の変わり種リートと、リート制度を利用した最近の事業再編の動きを見てみましょう。

　変わり種リートとして、「無線通信アンテナ」の保有・賃貸に特化したリートがあります。主たるクライアントは携帯電話会社で、最大手は約22,000の無線アンテナ基地局を持っています。メキシコ、ブラジルを皮切りに、海外進出にも積極的です。

　「屋外看板用の板と土地」の賃貸に特化したリートもあります。日本でもアメリカでも特に幹線道路沿いに大小さまざまな広告看板が見られますが、これらを描いたり貼ったりするための「板」、もしくはその板を建てるための「土地」を広告主に貸し付けている会社です。アメリカではこのような会社が上場してリート成りする規模に成長するのです。

　最近の動きとして、経営が思わしくない会社がリート制度を利用しようとするケースが目立っています。自社保有の不動産を外出ししてリート化し、リースバックを受けるのです。一時的には手元キャッシュを得て本体の株価も上昇しますが、長期的には多額の家賃負担が継続するので、このような分離が経営上の解決策になるのか疑問も持たれています。しかし活動家株主から厳しい要求があることも多く、やむを得ないという面があります。

　直近で話題となっている企業名を挙げると、カタログ通販で有

名なシアーズ、カジノ運営大手のシーザーズ（旧社名ハラーズ）、ハンバーガーチェーンのマクドナルドがそれです。

　リート化するのはシアーズの場合は数百店に上る店舗、シーザーズの場合は不振にあえぐアトランティック・シティの大型のカジノ用不動産、マクドナルドの場合は同社の直営店の店舗やフランチャイズに貸し付けている店舗です。ちなみにマクドナルドが世界に保有する不動産の時価は420億ドル（5.1兆円）とされていて、リート化して上場されれば世界でもトップクラスの規模の不動産会社になります。

（ドル＝121円／ 2015年10月30日近辺のレート）

三井不動産リアルティ㈱発行REALTY real-news Vol.6 11月号　2015年　掲載

こんなに高くなった！
世界の大都市の住宅価格

　世界の大都市の住宅価格が、非常に高くなっています。まずデータをご覧ください。為替レートには各々のデータが発表された日、近辺のものを用いて、換算しています。

	メジアン価格	平均価格
マンハッタン	1億2,000万円	2億2,800万円
サンフランシスコ	8,184万円	
バンクーバー		1億円
シドニー	9,126万円	
ロンドン		9,560万円

　非常にざっくりした、正確さには疑問が持たれる表に見えますが、どの都市でも「メジアン価格」なり「平均価格」が1億円前後というのは、為替によるマジックを考慮しても、やはり驚くべき水準です。

　マンハッタンでは「メジアン価格（1.20億円）」と「平均価格（2.28億円）」に大きな差があることが目立ちます。2倍近くもの差がつく理由は、「超高額住宅」の取引がかなりあるからです。10億円から120億円という超高額な価格帯のマンションがそれで、これらが平均を大きく引き上げています。マンハッタンでは「平均的な住宅」というと「平均価格」の物件より「メジアン価格」の物件のほうが実感に合います。

　ちなみにロンドンやサンフランシスコでもこのような超高額物件の取引はあることはあるのですが件数が少なく、「平均」にあまり影響を与えません。上記一覧表の中のサンフランシスコ、バンクーバー、シドニー、ロンドンについては、メジアン価格≒平均価格と考えて差し支えありません。マンハッタンでだけ、非常に大きな差が付きます。

三井不動産リアルティ㈱発行REALTY real-news Vol.7 12月号　2015年　掲載

世界の大都市の住宅価格の
高騰の原因は
「中国人」と「金融緩和」

　なにゆえ世界の大都市の住宅価格がこんなにも高騰してしまったのか、原因としてよく指摘されるのは次の二つの要因です。

　一つは中国人による旺盛な投資です。この影響が顕著なのは、前出の表の中ではバンクーバーとシドニーで、カナダでは他にトロント、オーストラリアではメルボルンでもこれが大きな要因となって住宅価格が上昇しました。ちなみに、大陸の中国人による投資によって最初に住宅価格が高騰したのは、香港でした。

　住宅に関する「中国人による投資先の国別の額」という見方をしますと、トップになるのは「アメリカ」か「オーストラリア」です。調査機関によりどちらがトップになるかが異なっているので、たぶん同じくらいなのでしょう。

　ニューヨークやロンドンでも、中国人による投資がやり玉にあがることがあります。しかしこれらの都市はそもそもの市場規模が大きく、かつ中国以外にも世界中からの投資を集めています。中国人による高値買いは「いくつかある価格高騰の原因のうちの一つ」という認識がされています。

　世界の大都市の住宅価格高騰を招いた、もう一つの大きな要因は金融緩和です。長期にわたる世界規模の金融緩和の結果、マネーの行き先が大都市の住宅に向かっているともいえますし、住宅ローン金利が歴史的な低水準にあるので住宅が高値でも買

いやすい状態にあるともいえます。

　ノルウェー、スウェーデン、デンマークといった、中国人の投資とは無縁の都市でも住宅価格が高騰しています。またオーストラリアでは国全体で見た住宅ローンの残高合計が膨れ上がりすぎ、リスクだとして警鐘が鳴らされています。これらは金融的要因です。

　今のような価格水準でも「合理的だ」とする意見はあります。しかし理屈はさておき、平均的な住宅の価格が「1億円」では地元の人の手が届くわけがありません。どう考えても高すぎると思います。

三井不動産リアルティ㈱発行REALTY real-news Vol.7 12月号　2015年　掲載

CHAPTER 2

ブレグジットの
国民投票

2016年1月→12月

中国人の「マネー持ち出し法」の各種

　中国では外貨への交換は「一人当たり一年に5万ドル（605万円）以下」に制限されているはずなのですが、中国人の爆買いぶりを見ると実際はどのような方法で外貨を得ているのか、興味のあるところです。ある英字紙には次のような六つの方法が紹介されていました。

　まず「香港と本土の両側に店を持つ『為替両替所』の利用」があります。最初の一回だけは本人が香港へ行きアカウントを開いた上で、本土の親戚に携帯で電話してアカウント番号を伝えます。本土側で人民元を振り込んでもらって香港側で外貨で引き出します。

　次が「地下銀行の利用」で、本土側の支店で発行された小切手を香港側の支店に持参し、現金化します。「地下銀行」が機能していることが前提ですが、小切手なら運ぶのに安全で税関でも見つかりにくいわけです。ちなみに昨年（2015年）11月に当局が地下組織の一斉摘発に入りました。この時に摘発された170の地下組織の中で最も多額に送金していたところは410億元（7,670億円）を海外に送金していました。これらは「地下銀行」とも「為替両替所」とも呼べるケースでしょう。

　次は「一人5万ドル（605万円）」の枠を利用して家族、親戚、知人に依頼し、外貨を入手する方法です。6,000万円のマンショ

ンの場合は最低10人が必要ということになります。

　「現金や小切手をスーツケースに入れてそのまま持ち出す」中国人も多くいます。一例として、バンクーバーとトロントの税関では2年半の間に、869人の中国人が引っかかったそうです。

　中国本土と海外の両方に店を持つ大手銀行を利用して、その銀行の本土側の支店に預金した人民元を担保とし、海外の支店側で外貨（資金）を借りる方法もあります。日本では中国銀行がこの方法でローンを出しているそうです。

　最後の方法は、海外でカードにより時計や宝飾品を購入し、それをそのまま現地で売却して現金を得るという方法です。実際にはあらかじめそのような仕組みがあって、「時計等を『買った事にして』」取り引きします。この際の手数料は5〜10%だそうです。
（ドル＝121円　元＝18.7円／ 2015年12月24日近辺のレート）

三井不動産リアルティ㈱発行REALTY real-news Vol.8 1月号 2016年 掲載

中国の話は「10」で割ると実感がわく

　「中国の話は10で割って考える」……20年以上前に教わった、中国に関する「途方もない数字」を聞いたときの対処方法です。人口が約10倍なので、そうするとわかりやすいのです。

　たとえば「人口1,000万人以上の都市の数」ですが、国務院は「6都市」としている一方、OECDは「15都市」と推計しています。このくらいの誤差でつまずいていては、中国の話は先に進みません。「人口1,000万人」を10で割ると「100万人」になります。日本には人口100万人を越す都市が「12都市」ありますから、これはどんぴしゃりです。

　中国には「人口100万人以上の都市」は142あるとされています。日本の「人口10万人以上の都市」は290ですから、中国政府の都市人口の把握能力の疑わしさを考えると、これもほぼ近いといっていいでしょう。

　2012年3月に失脚事件を起こした薄熙来（はくきらい）が市長だった重慶市は面積が北海道よりも広い「市」です。重慶市の面積を10で割ってもまだ札幌市の7倍強ありますが、札幌市周辺の地域を加えた「札幌都市圏」でみるとかなり接近するものと思われます。

　中国では現在、特に地方部で新築マンションの完成在庫が大問題になっています。国家統計局は売れ残り住宅在庫の床面積

を昨年（2015年）11月末時点で「中国全体で4.41億㎡」であると発表しました。これも途方もない数字で、このままでは実感がわきません。

　10で割って坪に直すと、1,334万坪です。中国らしく大きめに考え、戸当たり30坪としますと、「44.5万戸」になります。日本の新築住宅着工は年88万戸程度なので、中国の売れ残り住宅は、日本でいうなら「すべての新築住宅の半分が売れ残りの空き家となっている」という事態に相当します。さらに、中国では工事完了の直前で仕上げ工事をせずにストップして販売にもかけず、これにより「完成在庫扱い」となることを避けている住宅がかなりの規模であるとされています。その全貌は、誰もつかめていません。

　こうやって「10で割る」と中国の売れ残り在庫の話はきわめて深刻な話であることが、実感的にもわかります。

三井不動産リアルティ㈱発行REALTY real-news Vol.9　2月号　2016年　掲載

海外のホテル業界で多発する
M＆Aの背景

ホテル業界での最近の最も大きな話題といえば、マリオットがスターウッドを122億ドル（1.38兆円）で買収したことでしょう。これは先行したハイアット、錦江飯店、中国投資公司等をおさえた逆転買収で、スターウッド側のアドバイザーだった投資銀行・ラザードの辣腕が光ります。この合併で両社を合算すると5,500棟、110万室を擁する世界最大のホテル会社が誕生します。2位はヒルトンで73.6万室、3位はインターコンチネンタルで70.2万室です。

このディールが発表された3週間後にはヨーロッパ最大のホテル会社であるフランスのアコーが、サボイやラッフルズといった名門ホテルを擁するFRHIを26億ユーロ（3,200億円）で買収することが発表されました。この他にも中堅以下でM＆Aが多発しています。

ホテル業界でのM＆A多発の原因は二つです。まず高まる稼働率を背景に、ホテルの現物不動産としての価格が高くなってしまいました。M＆Aなら、簿価をそのまま引き継いで取り込めます（ただし配当負担は増えます）。もう一つの狙いは巨大化することによってシステム費負担、特に予約システムへの投資の負担を薄めようというものです。

現在、いわゆる「オンライン・ホテル予約サイト」経由による

予約はホテルのすべての予約件数の40%といわれています。室料の価格主導権はこれらのサイトに移りつつある面があり、ホテル会社にとっていかに直販比率を高めるかは至上命題なのです。当初スターウッドの買収に乗り気ではなかったマリオットが買収に踏み切った最大の要因は、「110万室」という巨大さなら、オンライン予約サイトに正面から挑めると考えたことでした。

　その他の近年の動きとしては「ブティックホテル（ラブホテルのことではない）」と呼ばれる、小型でサービスを絞りながらも高級路線を狙ったホテルの台頭があります。ひと言で表現すると「尖ったホテル」です。元々は独立系のホテル会社から始まりましたが、今は大手チェーンも手掛け、たとえば先のスターウッドの「Wホテル」ブランドがその一つです。

（ドル＝113円　ユーロ＝123円／2016年3月1日近辺のレート使用）

三井不動産リアルティ㈱発行REALTY real-news Vol.10 3月号　2016年　掲載

マンション（超豪邸）のさまざま

　英語の「マンション」とは、一戸建てのスーパークラスの超豪邸のことを意味します。日本語の「マンション」とは全く別物です。敷地は大変広く、最低でもエーカー単位（数千坪以上）あります。門から建物まではかなり距離があり、建物や庭の維持管理のための費用は巨額です。

　アメリカやヨーロッパでは1億ドル（112億円）を超す取引を時々見かけます。事情通によれば去年（2015年）取引されたあるパリ近郊所在の物件の売買価格は2.75億ユーロ（349億円）とのことで、これは過去のあらゆるタイプの住宅取引の世界最高記録を塗り替えたとされています。一方、写真で見ると似たような「マンション」ではありますが、破格値の物もあります。この手のボロ・マンション（ボロ超豪邸）は使えるようにするための修復に、莫大な費用がかかります。

　現代風のマンションもあります。設計事務所が腕によりをかけて設計した一戸建ての超豪邸です。去年（2015年）、ビバリーヒルズとそれに近接した地区でこれらの建築ラッシュが起き、販売価格あるいはその予定価格が1億ドル（112億円）超の物件が相次ぎました。ただし一般に新築・中古を問わず、「1億ドル（112億円）」を超した場合、値札どおりで売れることはまずありません。

　「都市型のマンション」と呼ぶべきものもあります。これはニュ

ーヨークの街なかに建つ、庭がほとんどない総3階建てから総5階建てくらいの一戸建ての建物です。昔、富豪や成金が住宅として建てた一軒家なのですが、その後、多くがオフィスやギャラリーに転用されていました。片や数十億円もする超高級コンドミニアムと比べてこの都市型マンションのほうを好む富豪たちがときどき、これらを買っています。内部を改装し直し、往時のように住宅に戻して使うわけです。この手の都市型マンションがマンハッタンの物件として売り物で出ると、高額な物で4,000 〜 5,000万ドル（45 〜 56億円）程度です。

（ドル＝112円　ユーロ＝127円／ 2016年3月31日近辺のレート）

三井不動産リアルティ㈱発行REALTY real-news Vol.11　4月号　2016年　掲載

世界の大都市、
各所で住宅価格に変調

　世界の各地で非常に高くなっていた住宅価格ですが、変調が起きています。

　香港では昨年（2015年）9月をピークに下落が始まり、今年（2016年）3月の時点で10％強の下落、年内にさらに2割から3割下がるとみられています。香港の住宅価格は中国人による投資が主因で、12年間で4.7倍になっていました。香港は伝統的にアップダウンが激しい市場です。

　過去7年で住宅価格が2倍になったシドニーでは、昨年（2015年）11月から価格下落が報じられ始めました。シドニーの住宅価格の上昇をけん引したのも、大陸の中国人のマネーです。

　バンクーバーでは住宅購入の3分の1が中国人だったようだということが判明しました。ここでももうじき価格下落が始まりそうな気配です。

　ロンドンではメイフェア、チェルシーほか所在の最高級クラスの住宅が不振に陥っています。価格は前年比で4割下落しましたが、それでも売れていません。主因は非常に高額な税金がかかるいわゆる「豪邸税」の影響と、従前、このクラスの住宅を買っていたロシア勢、中国勢、中東勢の買いがなくなったからです。一方、一般の住宅は4月から適用になる「投資用等の住宅購入についての印紙税の引上げ」が原因で制度導入前の投資家の駆け

込みがあり、3月の時点では市場は上昇を続けています。

　ニューヨークでも、昨年（2015年）半ばくらいまで非常に好調だった数億円程度以上の超高級マンションの販売が、スローになっています。最大の原因はやはり買主がいなくなったことと、供給過多です。市況悪化のなか、このクラスのマンションは販売が相次いでいるのです。また売れた物件のうちかなりの数を、実需ではなく投資家が買っていたことが最近になってわかりました。これらが賃貸化される見込みと、売れ残り新築超高額マンションについても賃貸化される可能性が高いことから、近い将来、ゴージャスな賃貸マンションは大幅な供給過剰になりそうです。一方、一般の住宅市場のほうは順調です。主因はローン金利の低さと雇用市場の好調さ、市中の在庫不足です。

　いま、住宅価格が急騰しているのは、中国のメガ都市群です。前年比の価格上昇率は2月、深センで57％、上海で21％で、当局は規制に乗り出しました。一方、地方都市には依然として大量の売れ残り在庫があり、二極化しています。年明け以降、住宅市場の回復がメガ都市以下の大都市にも広がっていますが、地方都市には勢いは及んでいないのです。

三井不動産リアルティ㈱発行REALTY real-news Vol.12　5月号　2016年　掲載

アメリカに昔は存在しなかった「大家業」という業態

　オフィスビル事業の組み立て方は国により、あるいは時代により異なります。日本の場合、昔は三井不動産や三菱地所のような「大家業」は用地確保から許認可、ビル建設（発注）、リーシング、管理、開発・保有にかかわる資金調達等のすべてを負担することが基本でした。

　日本のビル会社のトップが自分たちと同じ「大家業」の会社に会うつもりでアメリカへの視察団を組んだとき、連れて行かれた先はビルの管理運営会社でした。ここではない、「このビルの開発を決断した会社」に会いたいと言ったら、銀行に連れて行かれました。そうではない、「ビルの所有権を持っている会社だ」と頼むと、生保（当時、アメリカの生保は盛んにビル投資をしていた）に連れて行かれました。さらに驚いたことには、面会した生保の人間はビルの「所有者」なのに自分のビルのテナントの名前をろくに言えなかったのです。

　以上の話はたぶん昭和40年前後の話だと思います。要するに当時、アメリカでは「大家業」という包括的な業態は存在しておらず、ビルの所有と経営は分離していたのでした。

　現代のアメリカで、「『自ら開発』も行う大家業」という点で最も類似しているのは「オフィス・リート」です。アメリカでもリートはもともとは今の日本同様、ただの「箱」であり、外部の運用

会社に経営を委託していた（外部運用）のですが、これらを内部で抱えたほうが経営コストが安くなるという理由で「内部運用」が認められました。これによりリートは経営者も従業員もいる、外見的には普通の会社と同じ体裁になったのです。

　その後、それまでは外からビルを購入することしか認められていなかったのですが、自分で開発したほうがビルの取得コストが安くなるという理由でリートによる「自ら開発」が認められるようになりました。この結果、オフィス・リートは日本の「大家業」と非常に近い形態になったわけです。今ではリートは、法的には法人税法上のリート適格要件を満たした、通常の「会社」を指すようになっています。名実ともに「箱」から「会社」となったのです。

　それぞれクセが違いますが、アメリカのオフィス・リート大手にはボルナドやボストン・プロパティーズ、SLグリーンなどがあります。

三井不動産リアルティ㈱発行REALTY real-news Vol.13　6月号　2016年　掲載

中国では
住宅市場の好転が広がる一方、
不動産株は下落

　中国の不動産市場を語るときの基本は、住宅市場です。国家統計局が「70大中都市価格指数」を毎月発表しているので、議論がしやすいのです（正確性には疑問を持たれていますが）。商業不動産市場は非常に大きな問題を抱えているようなのですが、これは別稿にします。

　一つの節目となった「70大中都市価格指数・2016年4月分」を見てみましょう。4大メガ都市、すなわち北京、上海、広州、深センは絶好調です。特に深センでは去年（2015年）暴落した株式市場から投資資金が逃げてきたこともあり、前年同月比で62.4%上昇とバブル気味です。

　上海は前年同月比で28.0%上昇です。深セン市と上海市は不動産市場の抑制策に乗り出しました。その効果でしょうか、両市とも「前月比」での上昇はそれほど大きくありません。

　北京と広州の前年同月比はそれぞれ18.3%上昇、17.4%上昇です。

　注目されるのは、これらメガ4都市の次のクラスの都市にも住宅価格上昇の傾向が広がってきていることです。「前月比」で見たときに価格上昇したのは70都市中で65都市もあり、下落したのは5都市にすぎません。「省都」クラスの都市では、まだ住宅価格が本格上昇していないのに、マンション用地が急騰、土地価格は

もうバブル状態ともされています。

　しかし「二極化」は依然として解消していません。「65都市で前月比で価格上昇した」といっても、前年比では依然としてマイナスという都市が約半分あります。また地方都市では地方政府が率先して、相当乱暴な仕方で販売をしているともいわれています。大幅な金融緩和下、ローンに関する知識がない農民に対して頭金まで融資して、無理をして買わせてしまうような例です。すぐに不良債権化するであろうことが目に見えています。

　株式市場では、不動産株は年初比で約20％下落しています。投資家は今の住宅価格上昇は長続きしないと見ているわけです。これも気になる話といえます。

　総括すると、中国の住宅市場は表面的には改善に向かいつつありますが、一方で問題含みでもあるようです。

三井不動産リアルティ㈱発行REALTY real-news Vol.14　7月号　2016年　掲載

EU離脱が世界の不動産市場へ
与えた影響をとりあえずまとめる

　英・EU離脱の不動産ビジネスへの影響を日本時間の7月14日の時点でまとめます。

　国民投票（6月23日）の翌日、イギリスのリート指数は最大26.4％の、住宅株指数は最大16％の下落をしました。後者は銘柄によっては26％強の下落をしたものもあります。ポンドも下落したのでドル建てや、ましてや円建てで見ると下落幅はもっと大きくなります。

　7月4日の週はオープンエンド型のファンドである大手商業不動産ファンドの中で「引き出し請求の受付けを停止」するところが多発、2007年夏のサブプライム・ショックと似た状況に一瞬、ひやりとしました。しかし翌週になって、アメリカのあるファンドが「イギリスの商業不動産を10億ポンド（1,380億円）規模で投資したい」と表明するなどし、7月14日の時点では大事には発展していません。

　「引き出し請求」に殺到したのは小口投資家で、大口投資家の動きはまだ見えていませんが、商業不動産ファンドによる換金売りが引き金となった市場の劇的な急落がありえます。

　また、イングランド銀行のカーニー総裁は住宅市場にリスクがあるとかねてから指摘してきました。借金で賃貸住宅に投資した投資家が、投げ売りに走る可能性です。王立チャータード・サベ

　イヤーズ協会の6月の住宅価格指数はかなり下げています。

　ロンドンが持つ「金融センター」の座を狙っているのは、本命がパリとフランクフルト、穴馬がダブリンとアムステルダムです。しかし金融都市としての厚み、人材や法律の整備、インフラの充実等を比較すると、どこもロンドンとはまったく比べ物になりません。

　ブレグジットが海外の不動産ビジネスに及ぼした事項を並べておきましょう。まず、金融業関連の職場が移動してくると期待して、ドイツの賃貸マンションリートが値を上げています。EUで唯一の英語圏となるアイルランドではオフィス市場が好調ですが、ポンド安でイギリスからの買い物観光客の減少が見込まれ、モールへの打撃が懸念されています。また、アメリカの利上げが遠のいたとの観測から、先進国で最も利回りが高いシンガポールのリートに人気が出ています。高騰が続いているカナダの住宅市場では利上げが難しくなり、採りうる価格抑制策の幅が狭まりました。マレーシアのカジノ会社ゲンティンはイギリス国内にカジノ多数を持っていることが嫌われて株価を下げています。

（ポンド＝138円／2016年7月14日近辺のレート）

ニューヨークの超名門ホテルが
分譲マンション主体へ
コンバージョン

　ウォルドルフ・アストリアといえばアメリカを代表する超高級・超名門ホテルですが、全1,413室のうち、約1,100室をラグジュアリーな分譲マンションにコンバージョン（用途変更を伴う大規模な改装）をする予定です。日本でいえば赤坂プリンスやホテルオークラを建て直さずに隣接する数室の壁を取り払って連結、億ションとして分譲するようなものです。ウォルドルフ・アストリアの残りの部屋は従来通りヒルトンが運営を続けます。

　超高級ホテルについて同様なことをした例に「プラザ合意」で有名なプラザホテルがあります。こちらもニューヨークにある超高級ホテルで、2005年から3年かけてコンバージョンの工事がされました。ホテルの部屋数はぐっと少なくなり、また、眺めの良い部屋はみな億ション（円価）のマンションとして売られました。これらのマンションは、今なら10億ションの値段が付いても不思議ではありません。

　今回のウォルドルフ・アストリアは、2014年10月に中国の安邦保険がヒルトンから 19.5億ドル（1,950億円）という破格の高値で購入しました。安邦保険は今年（2016年）、スターウッドの買収に一時、色気を示したことでも大いに名を馳せましたが、世界の不動産ビジネス界へのデビュー取引は、このウォルドルフ・アストリアの買収の一件です。当時、同社は無名の存在であり、

また価格も法外だったので、これは非常にショッキングなディールでした。

　安邦保険の購入価格はホテル一室当たり、138万ドル（1.38億円）になります。当時そのあまりの高さにこの取引は「愚行だ」とさえ言われました。ところが今回のラグジュアリーマンションへのコンバージョン計画で、評価は一転します。

　コンバージョンの費用は、一声10億ドル（1,000億円）と言われています。ヒルトンから買った価格と合わせても、30億ドル（3,000億円）です。1,100室から200戸の超高級マンションを作り出し、それらが一住戸1,500万ドル（15億円）で売れれば総額30億ドル（3,000億円）です。このマンション分譲部分だけでほぼ元が取れ、残ったホテル部分は財務的には「おまけ」のようなものなのです。「愚行」呼ばわりされた安邦保険は、実はしたたかでした。

（ドル＝100円／2016年8月26日近辺のレート）

三井不動産リアルティ㈱発行REALTY real-news Vol.16　9月号　2016年　掲載

1億ドル (101億円) を超す値段で現在、市場に出ている住宅は「23戸」

　数十億円を超す住宅、いわゆる「ウルトラ・ラグジュアリー」と呼ばれるセグメントの売れ行きは一時に比べて各所でかなり鈍っているのですが、それでも現在1億ドル（101億円）を超す売り物件は世界に23戸あるとブルームバーグが報じています。

　以前、このメルマガでご紹介した「4億ドル（404億円）のモナコのマンション」は、今は3億ドル（303億円）で市場に出ています。縦に5フロアを連結したマンションです。フランスのコートダジュールには4.55億ドル（460億円）の値札が付いた物件があります。マイケル・ジャクソンがカリフォルニアに残した湖4か所を含めた土地面積2,698エーカー（329万坪）の大邸宅は1億ドル（101億円）とされていますが、これもなかなか買い手が付きません。クリスティーズのリストには「5億ドル（505億円）」というロサンジェルスの物件があるのですが、ブルームバーグはこの物件についてはリスティングの確認が取れなかったとしています。なお1億ドル（101億円）を超す物件は市場に出回っている価格、満額で売れるケースは皆無です。

　一方、比較的最近、実際に取引があった超高額住宅をピックアップすると、超高層・超高額マンションのさきがけとして有名なニューヨークのワン57内のデュープレクスが2014年の暮れに1億47万ドル（101億円）で成約しました。これはニューヨーク

のマンション売買史上で最高額です。香港の夜景を見下ろす絶景の住宅地、ピーク地区では15億香港ドル（197億円）の取引がありました。買い手はアリババのCEO、ジャック・マ氏だといわれています。男性向け週刊誌プレイボーイの創刊者の、派手なパーティ会場としても有名だった超豪邸は2億ドル（202億円）で売りに出されて隣人が購入したのですが、価格は明らかにされていません。昨年（2015年）の暮れにはパリ郊外の超豪邸の取引価格が3.01億ドル（304億円）とされ、事実とすると取引があった事が確認されている住宅取引としては世界最高額になります。

　しかし「市場価格」ではなく「建築費」という点から見ると、インドで第1位の富豪、アムバニ氏がムンバイに建てた高さ174m、27階建ての自宅は、建築費は一声10億ドル（1,010億円）です。この家の中で働くスタッフの数は600人といわれています。

（ドル＝101円　香港ドル＝13.1円／2016年9月29日近辺のレート）

三井不動産リアルティ㈱発行REALTY real-news Vol.17 10月号　2016年　掲載

マンハッタンのハドソン・ヤード開発に設置される、超巨大オブジェ

　マンハッタンで進行中の 超大規模再開発、「ハドソン・ヤード」のランドマークとなる巨大な構築物の完成予想図が9月下旬に公表されました。正式名称は後日決まりますがとりあえず「ベッセル」と呼ばれていて、絵から判断すると8階建てか9階建てのビルくらいの高さがあります。「花瓶」のような形をハチの巣状の構造で組み立てており、赤銅色に仕上げられた骨組み沿い上に歩行者が内部を上下する階段があります。

　ベッセルの建設費は単体で1.5億ドル（156億円）、周辺の整備費も入れると2.0億ドル（208億円）です。ビルの建設費の相場を坪150万円とすると、 単体の費用だけで1万坪のビルが建ちます。日本の都市開発ではちょっと見られない規模のシロモノなのです。将来の維持管理費が心配になりますが、特大規模の開発に伴う施設なのでなんとかなるのでしょう。

　「ハドソン・ヤード」はアメリカ最大規模の商業開発です。場所はビジネスの中心地であるミッドタウンの西のはずれで、元はハドソン川に面した大きな鉄道のヤード（操車場）だったのですが、2005年にニューヨーク市が用途指定の変更を行い、全体で約45ブロックという広大な再開発事業地区となりました。

　45ブロック中、約7ブロックを占める開発をしているのが、このベッセルの絵を発表した不動産デベ大手のリレイティッドです。

この7ブロック部分はずば抜けた大きさのため、この部分だけを指して「ハドソン・ヤード」と呼ぶことも非常に多く、若干注意を要します。三井不動産はこの7ブロックの中の1本のビルについて、開発に参画しています。

　リレイティッドの他にもいくつかのデベがオフィスビル開発を手掛けているのですが、伝えられているものについては順調な案件も、そうでない案件もあります。現在の写真を見ると一部はすでに竣工し、他にもいろいろな建物の工事が進んでいることがわかります。

　将来的にはミッドタウンのオフィスの重心は大きく西に傾く可能性があります。

（ドル＝104円／2016年10月26日近辺のレート）

三井不動産リアルティ㈱発行REALTY real-news Vol.18 11月号　2016年　掲載

世界から見て日本の不動産制度は 「ここが変」

　世界を見渡し、日本の不動産関係の諸事項で奇妙に見える点を三つ、あげてみましょう。

　最も奇妙なのは「借地権」です。貸したものを返してもらうのに「正当な事由なりそれを補完するためのお金が必要」というのは世界的にも類を見ないと思います。そもそも借りたものは何はともあれ返すのがノーマルです。日本の借地契約のような関係に「貸す・借りる」という言葉をあてている民族はたぶん皆無で、「借地権」を「リースホールド」と訳すときには注意が必要です。ちなみに日本における借地権の問題を議論する際には最低でも明治時代の民法制定時のいきさつ、場合によっては江戸時代の土地制度にさかのぼることが必要なのだそうです。

　日本では不動産登記簿が「土地」と「建物」に分かれていますが、これも世界共通ではありません。日本の制度はまるで「土地の売買」と「建物の売買」がばらばらに行われることがそもそもの出発点とされているかのようなしつらえですが、「借地制度」をどういじってもしっくりこない原因の一つはここにあるようです。このあたりは、ひと昔前は外人投資家に問い詰められるとこちらもわけがわからなくなる、鬼門のような分野でした。

　年を経ることで「建物」の市場価値が減じる速度、いわゆる「中古建物の築年減価」が非常に大きいことも、日本特有です。欧米

諸国では石造りだけではなく木造でも「築年数が古い」という理由で評価額が低くなることはありません。ある中古建物に安い値段が付いたとしたら、それはその家の台所が旧式で薄汚れているからとか、設備の配管が痛んでいるから、雨漏りするからといった理由などによるものであり、「築年数が古いから」ではないのです。また、一般に「築年数」より「ロケーション（立地）」のほうがはるかに重視されます。

　もう一つ、日本で特徴的なのは「住宅ローン」が返済不能になったときの取り扱いです。日本では担保となった住宅を処分した上で残債があれば、それは追及されます。しかし多くの国では、返済不能になった場合は建物から退去してそれを銀行に引渡せば、それ以上の追及は受けません。住宅ローンも「ノン・リコース」なのです。意外なことに、住宅ローンがノン・リコースでないのは先進国では日本とスペインくらいです。日本はバブル崩壊からの立ち直り、スペインはリーマンショック、あるいはユーロ国債危機時の金融危機からの立ち直りが遅かったわけですが、その原因の一つに、この「住宅ローンがノン・リコースではない」ことが挙げられています。

三井不動産リアルティ㈱発行REALTY real-news Vol.19 12月号　2016年　掲載

CHAPTER 3

トランプ大統領が
誕生

2017年1月→12月

世界の不動産制度は
「どの国もどこかしら、変」

　前号では「世界から見て日本の不動産制度は『ここが変』」として、三つだけ指摘しました。日本の借地制度は「貸し借り」という言葉がふさわしくない、中古の住宅では築年が古いというだけで非常に安くなる、住宅ローンがノン・リコースではない、の3点です。

　それでは世界でどの国の不動産制度が最もロジカルで、優れているのでしょうか。残念ながら私が知る限り、世界中のどの国でも不動産制度はどこかしら「変」なのです。これは奇妙な現象です。きっと不動産に関する権利認識は元来、素朴であるがゆえに歴史とか文化とか風土とか諸事情とかいろいろな要素が絡み合って、制度化しようとするとどこかでこんがらがってしまうからではないかと思います。

　ある国の不動産制度と日本の不動産制度を比べようとすると、そもそもの日本の制度自体がかなり変なので、ますますわけがわからなくなります。

　私がお勧めしているのは、「その国の制度」と「日本の制度」の比較の際に無関係な「アメリカの制度」をわざと加えて、三か国比較をすることです。アメリカを加えるのには理由があります。

　まず、アメリカでは不動産関係の諸制度についてもオープンに議論がされたうえ、考え方が整理されている場合が多く、また日

本語による平易な解説書も多数あり、さらに英語になりますがタダで簡単に得られる情報の量が圧倒的である点があげられます。「アメリカの場合」を共通言語にして、相手国の制度の議論ができるのです。たとえば日本の「借地」と英語の「リースホールド」は意味合いがかなり異なっているのですが、それらと比較して相手国の「借地制度」にあたると、考え方がわかりやすくなります。

　また、多くの国には（日本語は無理だが）英語なら使えるという不動産業者や弁護士・会計士／税理士他の専門家はたくさんいます。アメリカの諸制度のあらましを知っておけば、これらの「英語を話せる専門家」とのコミュニケーションが格段に良くなります。

　ただし、これはアメリカの不動産制度が制度としてベストだという話ではまったくありません。アメリカの制度も他の国以上に「変」な部分がたくさんあります。それでも比較の際の材料としてはベストなのです。

三井不動産リアルティ㈱発行　REALTY real-news Vol.20　1月号　2017年　掲載

全般的に好調なアメリカの住宅市場の中で下落するニューヨークの超高額マンション

　リーマンショック後の急落からずい分と時間がかかりましたが、一部にまだ弱さが残るとは言え、アメリカの住宅市場はほぼ完全回復した模様です。その一方で、ニューヨークの一戸、数十億円という超高額マンションのセグメントでは、大幅な価格下落が起きています。

　前者は各種の統計で判断できます。「量」の面で重要な統計は「新築住宅着工件数」なり、「既存住宅販売（中古住宅の売買件数）」などですが、月によっては市場の急落が始まった2007年夏当時の水準になりました。「価格」の面では、代表的な指数であるケースシラー住宅価格指数が過去最高だった2006年夏の水準に追いつくに至っています。

　一方、「ニューヨークの超高額マンション」についてはこれといった決め手となる統計がありません。実際の取引事例や取りざたされているいろいろな逸話を元に話をすることになります。

　ニューヨークのマンションの史上最高額による取引は2014年の12月に発生した「1億47万ドル（114.5億円・一戸の価格である事に注意）」ですが、この1年後くらいから売れ行きが悪くなってきた感じです。

　今はそれが「売れ行き鈍化」にとどまらず、「価格の全面的な下落」となっているわけです。ピーク時と比べて大体、10%〜 25%

程度、値下がりしています。市場ではリスティングしている売却
希望価格を切り下げる例、あるいはリスティング価格からかなり
の値下げをして成約している例が相次いでいます。

　たとえば2014年に3,170万ドル（36.1億円）である超高額マン
ションを買った業者は3,890万ドル（44.3億円）で売り抜けようと
して失敗、その後2,500万ドル（28.5億円）でリスティングし直し
たが結局2,350万ドル（26.8億円）で損切り売却をしました。買
値に対して26%の下落ということになります。

　先行して起きたこの「超高額（ウルトラ・ラグジュアリー）マン
ション」というセグメントの下落は、その下の「高額（ラグジュア
リー）」なマンション相場の下落を招き、いまはさらにその下の
100〜200万ドル（1.14〜2.28億円）という、マンハッタンで
は平均的な価格帯のマンション市場の勢いも削いでしまいました。
今、ニューヨークで調子が良いのは、50万ドル（5,700万円）ク
ラスの大衆向け物件です。

（ドル＝114円／2017年1月30日近辺のレート）

三井不動産リアルティ㈱発行REALTY real-news Vol.21 2月号 2017年 掲載

最近のアメリカのマンションに見る工夫

アメリカの新築マンションで最近、目につくようになった商品企画上の工夫のうち、比較的容易に日本でも取り入れることができそうな例をいくつか列挙してみたいと思います。

ラグジュアリーなマンションで、大きな住戸の購入者が同じマンション内の小さな住戸を買う例が増えていて、これらは「アクセサリー住戸」と呼ばれています。子ども用の住戸に使われる場合があるほか、さまざまな使われ方をしているようです。

これもラグジュアリーなマンションの話ですが「ドライブウェイ」が設置されて好評を得ている例が散見されます。「ドライブウェイ」とは殺風景な車路ではなく、デザイン的にもしっかりとした自動車専用の動線で、多くの場合、建物の一部にまるごと取り込んで設置されます。修景を施した「モーター・コート」と呼ばれる自動車専用の中庭を設ける例もあります。どちらの場合も自動車を利用した場合専用の立派なエントランスが用意されています。

これらの直接的な効用はプライバシーなりパパラッチからの保護ですが、デベにとってそれ以上に大きいのは「ドライブウェイ」により物件の高級感がぐっと上がることです。この工夫はマンションに限る必要はなさそうです。ホテルはもちろん、優れたドライブウェイを設置すればオフィスビルでもグレード感が増すように思われます。

　プール付きのマンションも増加しています。アメリカ人にとって一戸建て住宅の場合、「プール」には特別な思い入れがあります。プールがある家は「豪邸」とみなされるのです。文字どおり「プール付き豪邸」です。実際にプールを使う人は少ないのですが、条件反射的にそうなっています。現在、プール付きマンションに人気が出ているのもこの延長線上にあるのではないかと思われます。ちなみにアメリカでは「暖炉」がある住宅も「豪邸」とみなされ、ここにも「プール付き」と同じような条件反射が見られます。

　ホテルには（係員がキーを預かりエントランスから駐車場まで車を回す）バレットサービスをしてくれるところがありますが、コンシェルジュが常駐するマンションで、「乳母車のバレットサービス」を提供するマンションも登場しました。また、自転車用の「単なる駐輪スペース」を超えて、「ピット」としても機能する共用の自転車専用スペースを設けたマンションも登場していて、専門業者を呼んだワークショップが開催されています。

三井不動産リアルティ㈱発行REALTY real-news Vol.22　3月号　2017年　掲載

大幅に下落した
ロンドン中心部の高額な住宅の価格

　昨年（2016年）6月23日のブレグジットにより、イギリスの住宅市場は今後はかなり落ち込むのではないかと予想されていたのですが、約9か月が経ち、意外と落ち着いています。イギリス全体で見ると、概ね横ばいから若干強含みの傾向にすらあるのです。原因の一つとして挙げられているのは「供給不足」です。特にホームビルダー（建売業者）は事業用土地を大量に保有しながら開発を遅らせているとして非難を浴びていますが、ビルダー側は開発の許認可取得に手間暇と時間がかかりすぎるという制度的な問題のせいだと反論しています。

　イギリス全体の市場動向がまあまあななか、ロンドンだけは一人負けで、特にセントラル・ロンドンと呼ばれる中心部の高級住宅地で価格が大きく下落しています。チェルシーとかケンジントンといった、日本でいうなら麻布や広尾に相当する地区です。

　両地区とも、2月の時点で前年比でほぼ12〜14%下落しています。ただしこれらの地区ではブレグジット以前から価格下落が始まっていた点は注意を要します。それまで高騰を続けていたセントラル・ロンドンで買い手が急に少なくなったのは2014年の秋で、その頃から市場をけん引していた海外からの投資家の姿が急減しました。「ブレグジットを境に下落速度が大きく加速した」というのが、正確な表現です。

　ブレグジット問題に加えて税制変更の影響もあります。2014年暮れに「豪邸税」、2016年春に「投資用住宅取得の際の高率課税」が導入され、現在ではたとえば750万ポンド（10.4億円）の住宅をセカンドハウスあるいは賃貸向け投資用住宅として買うと最大100万ポンド（1.38億円）ものスタンプ税（印紙税の一種）がかかってしまうのです。

　セントラル・ロンドンの住宅価格を外人投資家の目線で「外貨建て」で見てみましょう。ポンドはドルに対して同じ時期に14%前後下落していますので、チェルシーやケンジントンの住宅をドル建てで見たときの下落幅は21 〜 25%にもなります。しかしこの間、日本円や人民元に対してポンドは対ドルほどの下落はしていないため、円建てや人民元建てで見たときの住宅価格の下落幅はドル建てほど大きくなりません。

　高額な住宅の価格がここまで下がると、昨年（2016年）第4四半期には「買い」の動きも出てきました。このような動きが正解なのかどうかは、まだわかりません。

（ポンド＝138円／ 3月29日近辺のレート）

三井不動産リアルティ㈱発行REALTY real-news Vol.23　4月号　2017年　掲載

中国の為替政策と、
中国勢の海外不動産投資

　中国は製造業大国であり、しばらく前までは中国政府は為替を「人民元安」に誘導していました。今は放置すると「人民元安」になってしまうため、歯止めをかけることに必死です。

　元安要因の一つが海外への資産逃避の動きです。中国人は自国の政治体制や社会経済体制に不信感を持っており、富裕層は海外への資産逃避を「外国に置いた貯金通帳」とも「保険」とも考えているようです。「人民元の先安観」も大きな要因で、これも今のうちに外貨建ての資産に換えておこうという動きにつながり、やはり人民元安を呼びます。

　中国政府は元安に歯止めをかけるべく、まず為替介入を行いました。だいぶ減ったとはいえ、まだ3兆ドル（342兆円）もある外貨準備を原資に人民元を買い支えていたのですがそれでも足りず、今は外貨の取得理由＝個別のディールにまで関与しています。

　2016年の中国勢による海外不動産投資は総額330億ドル（3.76兆円）、アメリカ向けが143億ドル（1.63兆円）と最大で、以下、香港、マレーシア、オーストラリア、イギリスと続きます。

　個別の大型ディールについて為替当局がそれを認めるかどうか、年初からの情勢を見ていると否認されたとみられるものもある一方、実現したものもあります。

　安邦保険はトランプ大統領の娘婿、クシュナー家とマンハッタ

ンのビルの再開発について1,000数百億円以上の出資をする方向でまとまりかけていたのですが、取りやめました。不動産取引ではありませんが、中国の商業不動産デベ最大手の大連万達によるテレビ番組制作のディック・クラークの10億ドル（1,140億円）の買収案件も破談となりました。これらはいずれも為替当局の許可なり事前合意なりが得られなかったからとされています。

　一方、海南航空の親会社・HNAによるニューヨークのGMビルの28億ドル（3,190億円）の買収は実現しましたし、CCランドによるロンドンの「チーズグレーター」というビルの10.2億ポンド（1,500億円）の買収も実現しました。ただしHNAには香港上場子会社や多くの海外資産があり、CCランドはそのものが香港市場に上場（元々は重慶発祥）しているので、両社とも人民元を持ち出さずにドルやポンドを調達していたという可能性はあります。

　個人による住宅購入でも、残金決済のための資金が持ち出せない例がオーストラリア、香港、マレーシアなどで多発しています。中国人を相手とした不動産ビジネスは現在、当事者間で合意に達しても当局からノーを出される可能性がある状態です。

（ドル＝114円、ポンド＝147円／ 2017年5月9日近辺のレート）

三井不動産リアルティ㈱発行REALTY real-news Vol.24　5月号　2017年　掲載

不振が広がるアメリカのモール業界

アメリカの不動産関連の中で、「モール業界の不振」が急速にクローズアップされています。モールが各所で調子が悪いという話は以前からあったのですが、年明けにメイシーズ、JCペニー、シアーズといった大手百貨店チェーンが大量閉店予定を立て続けに発表、これが直接的なきっかけとなって急にモール業界への懸念が高まりました。5月中旬には百貨店各社の決算の大幅な悪化も、相次いで報じられています。

大手百貨店群はかつては核テナントとしてモールの集客装置でしたが、今はもう昔ほどの集客力はありません。百貨店業界の落ち込みはひどく、業績の目安である「同一店舗・売上高の対前年比」は2015年年初以降、マイナス状態が続いています。靴やアパレル等の専門店の全国チェーンでも破産申請が相次いでいますが、いわゆる「実店舗」の売上減少はオンライン通販（仮想店舗）と格安店チェーンの拡大が主因と考えられます。

モールにはこれら「実店舗」の不振に「モールという業態」そのものの不振が加わります。モールはアメリカ全体で1,100か所ありAクラスのモールはまだ良いのですが、B、Cクラスの物は今後10年で数百か所が閉じるか、あるいはゾンビモール化すると見込まれています。

商業不動産の価格はリーマンショック後に40％下落しました。

直近の8年間では価格上昇が継続して来ましたが、この間を含めてここ2、30年、アメリカでは小売店舗が建てられすぎて来た感があります。今や人口一人当たりの店舗面積でアメリカは日本やヨーロッパの6倍にもなっていて、これは「小売店バブル」なのではないかと指摘されています。

　モールで大口のテナントの退店跡に誘致される業種として目立つものに、グロサリーがあります。生鮮・食品に日用品を加えた日本のスーパーに似た業態ですが、従来はグロサリーはアメリカではあまりモールのテナントにはなっていませんでした。

　一画をクリニックを集めたコーナーにするケースも目立ちます。レストランへの転換も多く、フードコートが専門深化した「フードホール」も増えていて、今後のモールでは「食」がキーワードになるかもしれません。その他、料理教室のような「体験」を提供するテナントも注目されています。「オンライン通販では代替できない」という点も注目されます。しかしいろいろと試みられてはいるのですが、うまくいかないモールが増えているわけです。

　お客様が来ないモールでは、広大な駐車場はガラガラです。移動式遊園地や移動式屋台、コンサートなどのイベントを行うところも出ています。これらは客寄せとなるだけではなく、イベント運営会社から受け取る駐車場使用料が家賃収入の足しになっています。

三井不動産リアルティ㈱発行REALTY real-news Vol.25　6月号　2017年　掲載

バブル気味のカナダの住宅市場の先行きは如何に

　カナダの住宅ブームは中国人による投資等で勢いがつき、まず西海岸のバンクーバーで価格が大きく上昇、政治問題化しましたが、「外国人が購入する場合の重課税」「ローン融資規制」「空き家税」といった手立てにより強引に抑え込むことに成功しました。

　ところが投資資金は今度は東部のトロントに向かい、同市の3月の住宅価格は対前年比で33％上昇、対前月比でも6.2％上昇と「バブル」と言って良い状態になってしまいました。5月のトロントの一戸建ての平均価格は183.1万カナダドル（1.63億円）に達しています。

　トロントでの住宅価格の上昇はまだ続いてはいるのですが、その速度は直近では減速気味です。上昇速度が減速した原因は遅まきながらバンクーバーを見習って政府と州、市が協調して住宅価格抑制に入った（入る構えを示した）ことと、価格が高くなったことにより「売る人」、すなわち供給が増えたことにあります。

　トロントがこういう状況にある中で、市場をヒヤッとさせる事態が起きました。

　4月初旬、「ホーム・キャピタル」という住宅ローン融資大手のノンバンクの株価が暴落したのです。同社は同社に出入りする「モーゲージ・ブローカー」の仲介で住宅購入客にローンを融資しているのですが、ブローカーのうち45社が申し込み者の所得等を

偽って申請していたことが判明しました。同社は質の悪い融資を相当額、抱え込んでしまっていたのです。

　この件について、トロントがあるオンタリオ証券委員会が同社は情報開示基準を満たしていないとしたことが、今回の株価暴落の直接的な原因です。同社は実質で年利22.5%という大変な高金利により年金基金から短期資金を借り入れ、当座の資金繰りを付けました。

　今は本件は落ち着き、金融システム内でこの件が「伝染」する可能性はなくなりましたが、一時はカナダで「リーマンショック」類似の事態が起きる端緒なのではと懸念されていたのです。ホーム・キャピタルのローンの主要顧客は銀行からローンを借りられなかった人たちで、これはアメリカ流に言えば「サブプライム・ローン」に相当するからです。アメリカでサブプライム専業大手が経営破たんしたのは、リーマンショック勃発の1年半前でした。

　幸いなことに、ホーム・キャピタル問題は5月中旬には事態は落ち着いたわけですが、カナダの住宅が「バブル」であるとすると、今後1〜3年くらいのスパンでまだ油断はできないのかもしれません。

（カナダドル＝89円／ 2017年7月10日近辺のレート）

三井不動産リアルティ㈱発行REALTY real-news Vol.26　7月号　2017年　掲載

アメリカの不動産仲介業界に見る
「不動産テック」の現状

　不動産とITテクノロジーをかけ合わせた「不動産テック」が話題ですが、アメリカの現状を見てみましょう。キーワードは「MLS（Multiple Listing Servce）」「Zillow（ジロー）」「AWS」「レッドフィン」です。

　「MLS」とは「マルチプル・リスティング・システム」の略で、レインズのアメリカ版です。データがデジタルで入るので、物件当りの情報量はレインズより多くなっています。

　「ジロー」は不動産オンライン・リスティングの会社で、類似のサービスは日本にもあります。ジローは業界最大手で登録基本料も無料なため、売り委託を受けるとまずはここへリスティングします。タブレットでジローの地図を開けば近傍で売りに出ている物件が全て表示され、マークをタップすればそのページに飛ぶので詳しい情報や多数の写真が見れます。仲介会社が提供する情報はこれで大体が手に入るので、仲介担当者に求められるのはもう情報量ではなく、情報の編集・整理能力や分析・説明能力になりつつあります。

　「AWS」とは「アマゾン・ウェブ・サービス」の略です。アマゾンは非常に大型の超高速コンピュータを持っている訳ですが、その余剰の処理能力を外販することからスタートしたのがこのサービスです。契約する会社はウェブ（クラウド）を通してこれを使え

ます。

　ここで今回の話の主役、「レッドフィン」が出てきます。同社は「オンライン不動産仲介会社」の中で今のところ最も成功しています。非常に上手にソフトを組み、AWSを使いこなすことで事務効率を飛躍的に高め、その分、対面サービスへ時間を割くことと割安な手数料の提供で、業績を伸ばしています。いわゆる「ハイブリッド型」のビジネスモデルです。

　効率化された事務の中にはたとえば提案書・ブローシャー作成があります。一匹狼が中心のアメリカの仲介業者にとって、これは一作業なのです。写真を多く載せようとすると普通のPCではすぐに動作が遅くなります。売り買いに伴うさまざまなスケジュールも調整しなくてはいけません。AWSの利用でこれらの全体がストレスなく行えるわけですが、いかに良いプログラムを用意できるかが死活的に重要で、レッドフィンはその開発に成功していました。

　以上の話が「不動産テック」の中途段階にすぎないことは明らかで、これからもこの流れはどんどん進化していくものと思われます。一つわかることは、どんなにITが進んでも不動産仲介においては「人（仲介業者）」がますます重要になりそうだということです。ただし「ハイブリッド化」はどんどん進み、それに乗り遅れたところは淘汰されていくでしょう。

三井不動産リアルティ㈱発行REALTY real-news Vol.27　8月号　2017年　掲載

シンガポールの物流リート大手、GLPの身売り話に決着

　GLPはシンガポール上場の物流リート大手で、系列のリートは日本でも上場しています。同社は今年（2017年）1月に「身売り」の方針を発表しました。

　企業が自分自身を「身売り」するというのは次のような手続きを言います。企業が売却されるときは第三者が「買いたい」とオファーを入れるか、大株主が当該会社と共同で株の買い手を探すことが多いのですが、企業が「身売り」を考えるというのは経営者が経営にあたっている企業の株の買い手を自分独自で探すことを言います。経営の究極的な目的は株式価値（＝株価）の上昇にあるわけで、経営努力によってコツコツと株価をあげるよりも高値で買ってくれるところに一括で売却したほうが株主の利益に適うことがあります。

　こう判断したとき、経営者が株主の代理としてできるだけ高い株価で一括で買ってくれる相手を探す、これが「身売り」です。株価は高いほど、株主のメリットとなります。

　今回のGLPの身売りは今年最大の不動産ディールとなるので、大変注目を集めました。手を上げそうなところにはウォーバーグ・ピンカス、ブラックストーン、KKR、RRJ、TPGといったファンドの世界的大手が並びました。ところが話がおかしくなってしまいます。

　買主の候補の一つに中国勢を中心としたコンソーシアムがあったのですが、この旗振り役がなんとGLPのCEO個人そのものなのです。おまけに彼はGLPの主要な資産である中国の物件についてなんらかの拒否権を持っているのでした。

　不動産の中身を熟知している内部情報精通者がビッドに参加するのでは他の会社は話をまじめに検討するだけ馬鹿らしく、今回の話は「茶番劇」だとされました。最終的な入札参加者は落札した中国勢のコンソーシアム以外はウォーバーグ・ピンカスただ一社です。

　このウォーバーグ・ピンカスの応札条件が傑作で、目一杯の高値なのですが法的な拘束力を持たない、いわゆる「ノンバインディング」といわれるオファーなのです。それでも中国勢は買収価格を高くせざるをえません。当初の思惑に比べてかなり高い買い物になったはずです。今回の「茶番劇」で最も得をしたのは予想以上の高値で売れたGLPの株主ですが、同社の最大株主はシンガポールのSWF、GICです。GICは近年、運用成績が不振で苦しんでいるのですが、棚ぼたを得ることになりました。

三井不動産リアルティ㈱発行REALTY real-news Vol.28　9月号　2017年　掲載

シンガポールの住宅市場、
超長期低落からやっと底打ち

　前回に引き続きシンガポールについて、今回は住宅市場の話です。

　シンガポールでは2013年をピークに住宅価格が下がり続け、今年（2017年）4～6月期まででで15四半期連続の下落という事態に陥っていました。しかしこの9月下旬にBNPパリバが、また10月に入って政府の都市再開発庁が暫定値ですが市場の底打ちを発表しました。ちなみにデベの株価はこれらに先行して、春先ごろまでには大幅高となっていました。現物不動産市場で飛び交う話題に明るさを実感したのも、4～5月ごろです。

　現在に至る住宅価格の超長期の下落は、シンガポール政府による不動産市場抑制策が原因です。外国勢の購入による価格上昇を懸念した政府は2009年から市場抑制策を導入、それでも住宅価格の上昇は止まらず、2013年に一連の非常に厳しい抑制策を追加的に導入、この結果、住宅価格が下落し始めたわけです。

　その後、政府の抑制策はなかなか解除されませんでした。ピーク比で11.7%の価格下落となった今年（2017年）3月、市場抑制策に関しスタンプ税の一部軽減やモーゲージの借り入れ制限を緩めるといった緩和措置が取られました。小規模なものとはいえこの4年間で初めての緩和措置です（「スタンプ税」は「印紙税」と訳す場合もありますが、政策手段として税率を機動的に変える

点、日本の印紙税とは大きく異なります）。

　これと同時期に市場で明るい話が多く出てくるようになりました。新築住宅販売件数が4年ぶりの水準に回復した、政府による土地公売で応札者が24社もあった等です。特に目を引いたのは中国勢の龍光地産と南山集団による10億シンガポール・ドル（830億円）という巨額の落札です。この入札では二番札も9.257億シンガポール・ドル（768億円）と高額でした。住宅用地の仕入れ市場は半年近く前には回復済みだったのです。

　シンガポールは住宅価格のアップダウンが激しい点で、香港と似ています。1996年にピークだった住宅価格はその後、東アジア通貨危機とSARS問題を挟んで45％も下落したことがあります。今回の下落幅はピーク比で12％程度ですから、小幅だったとも言えます。

　なおシンガポールの住宅に投資する外国勢は一番多いのが中国、次にマレーシア、インドネシアの順です。購入者に占めるこれら外国勢の比率を2013年当時と現在を比べると中国勢はほとんど変わっていませんが、マレーシア勢、インドネシア勢は減少しています。

（シンガポール・ドル＝83円／2017年10月10日近辺のレート）

三井不動産リアルティ㈱発行REALTY real-news Vol.29 10月号　2017年　掲載

香港で発生した
超巨額のオフィスビル売買

　香港のビジネスの中心地、セントラルにある73階建てのビル、「ザ・センター」の75％分が402億HKD（香港ドル）（5,869億円）という超高値で売買されました。このビルは香港では5番目に背が高いビルです。香港の不動産市場では現在、巨額取引が相次いでいます。行き過ぎた高値を警戒する声はあるのですが、実際にはそのような声を押しつぶすかのように中国から大量のマネーが流入、価格は一段と高くなっています。

　過去に世界で起きた「単体のビル取引」の売買額ランキングを見てみましょう。フィナンシャルタイムズによれば、昨年（2016年）あった上海のセンチュリー・リンクがトップで、売買額は29.5億ドル（3,363億円）です。第2位はニューヨークのGMビルの28.0億ドル（3,192億円）で、これは2008年の取引です。同じ2008年にはスペインの大手銀行、サンタンデル関連のビルもほぼ同額（ドル建て）で売買されています。今回の取引は額が格段に大きいことが分かります。

　「ザ・センター」の売主はアジアの大富豪、李嘉誠（リ・カーシン）率いるCKアセットで、同社の前身は有名な「長江実業」という会社です。李嘉誠は傘下のグループ企業を再編、不動産部門をいったん「CKプロパティ」とした後に、現在の「CKアセット（長江アセット）」と名を変えました。すなわち今回の売主は昔の「長

江実業」と考えても良いでしょう。

　買主は「CHMTピースフル」というペーパー会社で、タックスヘブンである英領バージン諸島に登記されています。「CHMT」はC（中国）、H（香港）、M（マカオ）、T（台湾）とも読めます。確定的な事はまだ言えないのですが、このペーパー会社を率いているのは「中国国儲能源化工業団」という資源・エネルギー会社のようです。同社の幾層かに重なった出資構造を辿っていくと、中国共産党の一部局に行きつきます。　中国には国有企業がいくつもありますが、このように共産党により所有されている会社というのは珍しいそうです。

　したがって今回の話は「中国共産党が香港で世界一高い値段でビルを買った」ことになりますが、これは「資本主義」に染まった西側諸国の論理で説明するとそうなるわけで、中国ではこのような論理は意味を持たないことが多々あります。先日、HNA（海航集団）という超巨大複合企業について株主の整理があったのですが、それは啞然とするような説明でした。

　さらに中国政府は今年（2017年）の8月に、海外不動産投資は「制限する」と規制を明文化したばかりです。2014年後半から2016年末にかけて起きた外貨準備の急減に対する警戒がその主たる理由です。そのような中で中国共産党傘下の会社が政府が敷いたばかりの規制を真っ向から破る形で大型ビルを買ったわけで、この面からも注目される取引です。

（ドル＝114円　HKD＝14.6円／2017年11月8日近辺のレート）

三井不動産リアルティ㈱発行REALTY real-news Vol.30 11月号　2017年　掲載

ニューヨークの
超高額マンションの大幅価格下落（続報）

　今年（2017年）の2月、この欄でニューヨークのウルトラ・ラグジュアリーなマンションで価格下落が起きていることを報告させていただきましたが、状況は一段と悪化しています。現在の状況をご報告します。

　「ウルトラ・ラグジュアリーなマンションとは」ですが、新築・中古、ともにだいたい「最低で一戸1,000万ドル（11.2億円）から1,600万ドル（17.9億円）以上」の物件を指します。

　今回、このセグメントの下落を印象づけたのは、「ワン57」内の住戸の競売です。「ワン57」は90階建ての超高層マンションですが、通常の住戸は安い物でも一戸2,000万ドル（22.4億円）以上します。「超高層・超高額マンション」のさきがけで、この「ワン57」がきっかけとなって、マンハッタンでは鉛筆のように細い「超高層・超高額マンション」の開発が続いています。

　11月に入り、「ワン57」の79階部分の住戸が差し押さえ競売に出され応札参加者5名の間で競り上がり、結局3,600万ドル（40.3億円）での落札となりました。この住戸の2014年当時（このころが市場がピークだった）の販売価格は5,090万ドル（57.0億円）でしたので、29%下落となります。流通市場では「ワン57」内の65階部分が当初の販売価格から23%安い価格で、62階部分が同26%安い値段で成約となっています。

　「超高層・超高額マンション」の第2号である「432パークアベニュー」内の住戸も、大きく下げています。89階建ての80階部分、直近での表示上の販売価格が4,425万ドル（49.6億円）とされていた物件の成約価格は3,930万ドル（44.0億円）です。このマンションは全106戸中82戸が販売済みですが最近は売れ足が鈍り、今年になってからは12戸しか売れていません。

　先の「ワン57」も全92戸のうち、売れ残りをまだ10戸以上抱えています。アメリカのマンション販売では、売主は買主に対して竣工後1年間程度、売却禁止を求めるのが通例です。デベは「1年あれば売り切れるだろう」と読んでいるわけですが、今回のように売れ残り在庫を抱えているデベにとって、以前の買主による損切り売却はダブルパンチです。

　中古流通市場でも、リスティング価格からかなり下の水準での成約が相次いでいます。一番極端なのはピエールホテル内のマンションで、4年前に1.25億ドル（140億円）でリスティングされた物件が4,400万ドル（49.3億円）で成約しました。昨年（2016年）7,200万ドル（80.6億円）でリスティングされた築100年のタウンハウスは5,200万ドル（58.2億円）で成約となっています。

（ドル＝112円／2017年12月6日近辺のレート）

三井不動産リアルティ㈱発行REALTY real-news Vol.31 12月号　2017年　掲載

CHAPTER 4

習近平国家主席、
終身化へ道

2018年1月→12月

サウジの皇太子が
買い主であったらしいことが判明した
フランスの超豪邸

　2015年にパリ郊外のベルサイユの近くで、2.75億ユーロ（371億円）で超豪華な一戸建ての住宅が売買されました。買主は当時も今も「中東の富豪」とされ、名前は明かされていません。しかしニューヨークタイムズは2017年12月、この物件の真の買主はサウジアラビアのムハンマド皇太子だったとしています。同皇太子は11月に同国の王子やセレブ・百数十名を「汚職容疑」で一斉検挙し、リヤドのリッツ・カールトンに閉じ込めたことでも有名です。

　同皇太子は5億ドル（565億円）の豪華ヨットも買っていたようですし、先だって4.5億ドル（509億円）で落札されたレオナルド・ダ・ビンチの絵についても真の購入者のようです。

　皇太子は、投資は自身の投資会社、エイト・インベストメントで行っているのですが、フランス、ルクセンブルク、バミューダ、マン島、ケイマンほかに設立したいくつものペーパー会社を重ねて覆い隠しています。

　これらの多くはいわゆるタックス・ヘブン（租税回避地・税金パラダイス）です。いろいろな企業がこぞってペーパー会社を設立してきたために、弁護士、会計士、金融会社等が組んだ「ペーパー会社設立・運営」のインフラができ上がっています。ここで会社を設立する目的には脱税・節税や、名前が知られないよう

にする（匿名性）ことも多いわけですが、海外子会社を設立する費用や手続きが安くて簡単なのでここに作っただけという例も多くあります。

　一昨年（2016年）のパナマ文書に続き昨年（2017年）はパラダイス・ペーパーによって顧客の極秘情報が漏れ出、タックス・ヘブンを通じた取引の一部が明るみになりました。今回のサウジの皇太子の取引もこの流れの中で判明したものです。

　さて問題のベルサイユの超豪邸ですが物件の名前は「シャトー・ルイ14世」、フォーチュン誌は「一戸の住宅としては史上最高額の住宅取引」としています。外観は17世紀の城そのものなのですが、実はこれがなんと「超々豪華版の新築建売住宅（建売シャトー）」なのです。豪華噴水や彫像、さらに鯉が泳ぐ堀の底はガラスになっていて地下室から上を見上げられます。ワインセラー、映画室、現代的な音響・照明システムだけでなく、フレスコ画を施した大広間の天井等々、実際に見ればこれを単なる『悪趣味だ』とは言えないとフランス人を唸らせました。

　長引く原油価格の低迷で、サウジは財政赤字や外貨準備の減少に苦しんでいます。サルマン現国王の散財はよく知られていますが、ムハンマド皇太子のこれらの散財をサウジの国民はどう思うのでしょうか。同皇太子は「社会改革」を目指すと自認しているのです。

（ユーロ＝135円　ドル＝113円／ 2018年1月9日近辺のレート）

三井不動産リアルティ㈱発行REALTY real-news Vol.32　1月号　2018年　掲載

ノルウェーによる
表参道のビル5棟の買収の背景

　表参道の商業ビル5本をノルウェーが東急不動産と組んで購入しましたが、この「ノルウェー」について解説いたします。

　買った主体は「ノルウェーのSWF」と呼ばれることが多いノルウェーの政府系ファンドです。

　同ファンドは2016年時点で既にニューヨーク、パリ、ロンドン、ベルリン他で不動産投資済みでした。東京とシンガポールでは2015年ごろから物件と投資の際のパートナーを探し始めていてそれが今回のディールとなったわけですが、ディール発表の際に「今後の投資案件については東急不動産以外の会社と組む可能性もある」と明言しています。

　さてこの「ノルウェーのSWF」のファンド規模ですが、昨年（2017年）9月に1兆ドル（108兆円）の大台に乗りました。日本のGPIFの運用資産は162.7兆円ですが人口一人当たりでは128万円です。ノルウェーの人口は約523万人なので、一人当たりでは2,070万円にもなります。

　このような超巨額の「貯金」ができた理由は、一にも二にも「北海油田」です。1960年代に発見されたこの油田の権益の大部分はイギリスとノルウェーが取得しましたが、油田としての規模はさほど大きくなく、当初から早晩、掘り尽くすであろうことがわかっていました。

　イギリスは原油の売却収入を疲弊した経済の立て直しや老朽化したインフラの更新等に使い果たしました。一方、ノルウェーはこれを「別段預金」で貯蓄して将来のために残すとしたのです。その別段預金が今の「ノルウェーのSWF」となっています。

　毎年の原油収入の繰り入れと、ファンドの順調な運用成績の結果、「1兆ドルファンド」となったわけですが、問題も出てきました。規模が大きくなりすぎて、なんと「世界の全上場株の1.5%相当も所有する」状態になってしまったのです。これでは「池の中のクジラ」になりかねません。

　そこで着目したのが不動産です。同SWFは昨年（2017年）暮れの投資の際に、ポートフォリオにおける不動産比率を現在の2.5%から2019年までに4%に引き上げたいとしています。これは「1兆ドル×1.5%」の150億ドル（1.62兆円）分の新規購入だけでは済みません。1兆ドルが10%で回っているとしてその4%分の2年分である80億ドル（8,600億円）、合計230億ドル（2.48兆円）もの不動産を2年間の間に買わないとこの目標は達成できないのです。

　なお原油価格の長期低迷で2015年から同SWFは「引き出し」に陥っています。しかしファンドの運用利回りによりこの「引き出し」を賄えているので、この点の問題はありません。

（ドル＝108円／ 2018年2月21日近辺のレート）

三井不動産リアルティ㈱発行REALTY real-news Vol.33　2月号　2018年　掲載

中国の不動産大手が、買い漁ってきた海外資産の売却を強いられる

　今回の話はまさに現在進行形の話です。

　世界で続々とトロフィー不動産が売られています。「トロフィー不動産」とは価格にして数百億円以上の大型の物件のことで、オフィスビルかホテルが主です。

　「売り」に回っているのは中国のHNA（海航集団）、大連万達で、先日、政府管理とされた安邦保険も今後、保有物件多数の「売り」に回ることはほぼ間違いありません。ほんの一年前までは盛大に買収を「する側」だったこれらの会社は、強いられる形ですでにニューヨーク、シドニー、ゴールドコースト（オーストラリア）、ロンドンの物件を売りました。

　彼らの運命の暗転がはっきりしたのは昨年（2017年）6月です。中国の金融当局が銀行に対して彼らへの融資に注意するよう、警告した（英語では「システミックリスク」という言葉が使われていた）のです。次いで8月、中国政府は海外投資を「奨励分野」「制限分野」「禁止分野」の三つに分類するとし、不動産・ホテル・映画館等は「制限分野」に入れられてしまいました。

　中国政府がHNA、大連万達、安邦保険等の海外買収を快く思っていなかったことは、かなり前からわかっていました。海外買収に必要なドル（＝外貨）の取得を為替当局が認めなかったり、一部の会社の経営者が別の当局により拘束される事態が起きたり

していたからです。

　中国でSCを大規模に展開している大連万達の不動産子会社の香港での新規上場とその上場廃止も、当局をかなり怒らせたケースと思われます。同社の上場は2014年12月、上場廃止方針の発表はその僅か1年半後の2016年5月で、これは外貨準備高の急減が止まらずに中国政府がいらついていた時期でもあります。344億HKD（香港ドル）（4,680億円）というTOBの額もさることながら、多額におよんだ「上場時に得た外貨」と「上場廃止のために払う外貨」の差にも不快感を募らせたでしょう。その分、中国の富が意味なく国外へ流出したのです。

　大連万達の王健林CEOは不動産王として3兆円を越す資産を持ち、一時は中国で一番の富豪でした。今は資産をどんどん売却、なりふり構わずに生き残りを図っています。

　さて中国はこの問題に対してなぜかくも神経質になっているのでしょうか。それは冒頭にあげた、「システミックリスク」に対する危惧からでしょう。「システミックリスク」とは一つの銀行等の破たんが他の多数の銀行等の破たんに連鎖し、金融システム全体が機能不全になる危険性（リスク）のことを言います。中国の金融についてはそのような懸念を持たなくてはいけない脆弱性があると当局も認識していることが、はっきりしました。

（HKD＝13.6円／2018年3月6日近辺のレート）

三井不動産リアルティ㈱発行REALTY-news Vol.34　3月　2018年　掲載

今年(2018年)の年明け時点では
回復していたアメリカの実店舗

　一昨年（2016年）、2017年はアメリカの実店舗型小売業にとって厄年でした。特に大手百貨店の不調は著しく、さらにアパレル、靴、スポーツ用品、おもちゃの販売店等でも破産申請に追い込まれる会社が相次ぎました。

　しかし悪い話だらけだったこの風向きが、昨年（2017年）末のホリデーシーズンから変わりました。朗報は出だしのブラックフライデーにおいて実店舗の売上げが予想外に好調だったという話から始まり、締めてみると11〜12月のこれらの会社の売上げは前年比4％増となりました。リーマンショックの金融危機以降でベストな伸び率となったのです。

　同時期のオンライン通販会社の売上げは10.4％、小売全体は5.5％の伸びです。実店舗会社が伸びた最大の理由はアメリカ経済がますます良くなってきたことにありますが、従前のパターンであれば、全体の伸びをオンラインに食われて実店舗は売上げを落しかねなかったところ、今回はそれがプラスへと伸びたわけです。

　実店舗会社がオンライン通販に力を入れ、巻き返しを図っていることも見逃せません。

　モール・ビジネスは当然、実店舗型小売業の盛衰から大きな影響を受けます。各所の核テナントである百貨店大手のメイシーズ、シアーズ、JCペニーは2016年8月以降、三社合計で560も

の店舗を閉じました。特にシアーズは不採算店の閉鎖を重ねてきた結果、2010年には4,038店舗あったのが、昨年（2017年）9月時点では1,104店舗へと激減しています。

　これらを見て「迫る小売業の終焉」「モールの緩慢な死」といった語り口の話も昨年（2017年）は多くみられました。その雰囲気が、とりあえず年明けには大きく変わったわけです。

　不動産業界はこの動きを昨年（2017年）の終盤の段階で先取りしていました。大型のモールのポートフォリオに2件、買いが入ったのです。

　一つ目はフランスの商業不動産大手、ウニベイル・ロダムコによるウエスト・フィールドの買収です。ウエスト・フィールドはオーストラリア本拠の会社ですが、保有するモールの多くはアメリカとイギリスにあります。

　二つ目はカナダ本拠の不動産投資会社ブルックフィールドによるアメリカのモールリート第2位、GGP（旧称ジェネラル・グロウス・プロパティーズ）の買収です。

　二件とも買収価格が期待よりもかなり低かったことを始めとして気になる点がいくつかあるのですが、とりあえずモールに大口の買い手が出たわけです。

三井不動産リアルティ㈱発行REALTY-news Vol.35　4月　2018年　掲載

世界の大都市で
住宅価格がシンクロして上下

　以前から世界の大都市の住宅価格の間には連動して動いているような傾向が無きにしもあらずでしたが、ここにきてそのような「シンクロ」の度合いが顕著になっているという指摘があります。もしそうなら、東京の住宅価格の先行きはニューヨークなりロンドンなりをウォッチしていたほうが良いということになります。

　期間を2008年以降の10年間で、ニューヨークについて見てみましょう。アメリカの住宅価格がピークだったのはこの直前の2006年で、2008年という年はサブプライムショックに続いたリーマンショックにより住宅価格は激しく下落していました。連邦準備制度理事会（アメリカの中央銀行に相当）が量的緩和に踏み切ったのがこの年の暮れです。

　住宅価格は2009 〜 2012年年初の間、底這い状態に陥った後に上昇局面に入ります。そのころからニューヨークでは世界各地の投資家による「外国人買い」が目につくようになりました。これに伴い住宅価格はさらに上昇を続けます。

　すると特にハイエンドな物件の新規供給が大幅に増えました。明らかな供給過多から2015年ごろから超価格帯物件の売れ行き悪化・値崩れが始まり、それが順繰りに下の価格帯の市場に波及していきます。現状、大衆向け価格帯物件にもその影響が若干出ています。

　このような「量的緩和」→「外国人買い」→「価格上昇」→「(ハイエンドな物件の) 供給過多」→「(ハイエンドな物件から始まる) 値崩れ」という流れが共通する世界の大都市が多いのです。

　たとえばトロント、バンクーバー、シドニー、ロンドンがこれにぴたりと一致します。

　東京とニューヨークを比較すると、アメリカの住宅価格がピークだった2006年ごろというのは日本で「不動産ミニバブル (概ね2007年ごろ)」といわれていた時期とほぼ一致します。日銀の初の量的緩和は2001年なので参考になりませんが、その後の「外国人買い (日本では中国勢のみだった)」以降の流れは概ねこれに沿っています。ただ東京の場合は変化が微温的で価格の上下が他の都市ほどは激しくなく、また現在の状態は「値崩れ」というより「販売にかかる時間の長期化」というレベルかと思われます。

　このようなシンクロ現象を引き起こした最大の要因を一つあげろと言われれば、各国中央銀行が採用した長期にわたる強力な量的緩和と言って良いでしょう。

　もちろん、全ての都市がシンクロしているわけではありません。パリの動きは全く異なりますし、香港ではまだ天井知らずの上昇が続いています。シンガポールは4年に及ぶ下落局面を昨年 (2017年) 後半にやっと脱したところです。

三井不動産リアルティ㈱発行REALTY-news Vol.36　5月　2018年　掲載

香港のタイクーンたちの事業承継

　超高齢化が目立つ香港のタイクーン（大君・財閥の総帥）たちもそろそろ、という話が出ています。もっともこの話は過去に何度も出ているので、今回もまた彼らが元気に長生きする可能性もあります。年齢をものともせずいまだに陣頭指揮を取っているタイクーンが多いことと、彼らのほぼすべてが不動産がらみの財を成している事が香港の特徴です。

　最も有名なタイクーンはなんといっても李嘉誠（リ・カーシン・89歳）ですが、グループの旗艦・不動産会社のCKアセットほかの会長の座を長男のビクター・李に譲ると3月に発表しました。CKアセットは旧称の「長江実業」のほうが知られています。東京駅そばのパシフィックセンチュリープレイスを手掛けた弟のリチャード・李のほうが日本では有名ですが、長男が後継というのは順当なところでしょう。

　もっともこれで代替わりがうまくいくかどうかは、不明です。こればかりはやってみないとわかりません。プライベートバンクが発達しているヨーロッパやアメリカと違って、華僑の間には生前に「事業承継計画書」を準備しておくという風習はないのです。またオープンに後継者問題の話をするという文化でもありません。

　大手デベの新世界発展の創業者会長だった鄭裕トウは86歳だった2012年、現職のまま脳出血により倒れ、4年間の昏睡状態

の後に不帰の人となりました。

　デベ最大手の新鴻基地産では代替わりの後に3人兄弟のうちの2人が贈賄で起訴され、一人が有罪、一人が無罪となる事件が起きました。これも何らかの形で事業承継に問題があったのでしょう。

　マカオのカジノ王のスタンレー・ホ（96歳）は公認の妻が4人、子どもが17人です。非公認の人数は本人も含めて、誰もわからないでしょう。先の鄭裕トウと同様にバタッと行くまで現役を貫き、そのあとに大混乱が起きるのではと懸念されています。4月に旗艦会社のSJMホールディングスについて娘と夫人が共同会長となって後を継ぐと発表、これを受けて同社の株価は11%の急騰をしました。スタンレー・ホ亡き後の混乱が小さくて済むのではとの期待感からですが、見通しがあまいという気がします。

　実際、香港、シンガポール、台湾で上場する同族企業の場合、世襲前の5年間に比べて世襲後の3年間の株価は平均、4掛けに下落するのだそうです。

三井不動産リアルティ㈱発行REALTY-news Vol.37　6月　2018年　掲載

アメリカのSCリートと
ワン・トリック・ポニー

「ワン・トリック・ポニー」というのは「一芸しかできない仔馬」のことで、見世物小屋やサーカスの動物ショーに出演する、片足をあげてみせることしか芸がない仔馬です。

アメリカのSCリートと言えば、最大手のサイモン・プロパティーは時価総額で世界最大の不動産会社ですから、これを「ポニー」と呼んだら怒られてしまいます。しかし、ほとんどのSCリートは「SC（モール）だけ」しか手掛けて来ませんでした。

そのワン・トリックぶりに変化が表れています。オンライン通販に押されるなか、SCリート（モール会社）が従来は見られなかった種類のテナントを入れ始めているのです。

たとえば百貨店の退店後にコールセンターとかアフターサービスの拠点といったオフィスを入れる例が目立ちます。敷地内に賃貸マンションを建てる例もあります。モールでは飲食はフードコートが定番なのですが、本格的なレストラン街を増設する例も多くあります。

SCリートも含め、アメリカのリートは日本のリートとは異なり経営者も社員もいる完全な独立会社です。さらに竣工後の自社保有を前提に自ら開発もする点、税務上の取り扱いを別にすれば、日本の不動産デベのほうに似ている面が多々あります。

SCリートに限らず、オフィスビル、賃貸マンション、ホテル等、

アメリカではほとんどのリートが専業特化しています。一方、日本の大手デベは「総合不動産会社」だらけなわけですが、なぜこのような違いが生まれたのでしょうか。

　たぶん、日本では「先に土地ありき」だったからなのだと思います。なんらかの形で得た事業機会をどう活かせば良いか、それがビルになり、ホテルになり、SCになり、マンションになりと言った具合に広がって、行きつく先が「総合不動産会社」だったのでしょう。

　アメリカの場合はとにかく国土が広大で、特にSCの場合はその気になれば物理的にはどこにでも建設可能です。もちろん主要道からの道路付けとか人口の多い都市までの距離、競合するSCの有無、ゾーニング他の許可、さらにテナントの獲得や融資の獲得等々といった面でアメリカなりの競争条件はあるのですが、日本での競争とはかなり異質です。

　手掛ける事業を得意なものに絞って他は手掛けずにとことんその効率性を追求するという事業戦略が、アメリカのSCリートで裏目に出ています。通販やディスカウンターに食われてモールが不調になり、一方で専業特化してきたために逃げ道が極端に少ないなかで、なんとか踏ん張ろうともがいているところが目立つ状態なのです。

三井不動産リアルティ㈱発行REALTY-news Vol.38　7月　2018年　掲載

HNAのトップの一人が、
フランスで教会の崖から転落死

　地方の一航空会社から巨大コングロマリットになった中国のHNA（海航集団）の共同会長、王健氏が、フランスで事故死しました。プロバンスの教会で転落防止用に設けられていた壁の上に立ち、自分の写真を撮ってもらおうとしたところバランスを崩して10〜15m転落、内臓破裂で死亡したものです。一緒に出張していた人や周辺にいた人たちの証言から判断し、この事件は単なる不注意であり陰謀、謀殺、自殺等の可能性は全くないようです。

　HNAは3年間で総額400億ドル（4.4兆円）、123件の海外ディールを実施、借入金は940億ドル（10.4兆円）に膨らみ、中国の当局はこれを金融システム上のリスクとして、同社ほか3社に保有資産の売却を強いました。HNAの最近の大口の資産売却を見てみましょう。

　まずヒルトン株ですが、HNAは2016年に同社株を65億ドル（7,215億円）で購入していましたが、この4月にすべての処分のめどがつき利益額は60億ドル（6,660億円）前後と確定しました。この間に株価が急騰、このような大変な利益額になったわけです。

　次に香港の旧啓徳空港跡地開発ですが、HNAは2016年末以降4区画買っていて、先日そのうちの3区画、合計224億HKD（香港ドル）（3,180億円）の売却を完了しました。粗利益は概ね3億ドル（333億円）で、上乗せできた利益額は購入額に対して12〜

15%です。

　ニューヨークの旗艦ビル、245パークアベニューの買い手の最有力候補はオフィス・リートのSLグリーンとされ、交渉中の価格は22.1億ドル（2,450億円）であるとまで報じられているのですが、まだ最終合意には達していないようです。

　他にも数多くあるディールの陣頭指揮を取っていたのが、今回、亡くなった王健氏です。上に挙げたのはみな、黒字売却ですが、これは「黒字で売れるものから売った」と理解すべきでしょう。売ると赤字となる物件は、塩漬けにする可能性があります。

　HNAは当局から、不動産ビジネス等からは完全撤退し、祖業である航空業、旅行業へシフトするようにと命じられているのですが、変な話も聞こえてきます。

　6月に中国の飛行機製造会社にジェット機300機を発注したのですが、これはいわば実質的な「政府保証付き」でしょうから良しとしましょう。

　しかしフランス人は良しとしません。エアバスはHNAから受注した6機のA330sについて代金支払いに不安があるとして、機体の引き渡しを控えています。実際、3月には中国でHNAの燃料代や空港使用料の未払いが問題化しました。祖業回帰も前途多難のようです。

（ドル＝111円　HKD＝14.2円／2018年7月25日近辺のレート）

三井不動産リアルティ㈱発行REALTY-news Vol.39　8月　2018年　掲載

好調だったアメリカの住宅市場が 曲がり角に

　アメリカの住宅市場は長期にわたって堅調だったのですが、様子がおかしくなり始めています。直近で「価格」は横ばい状態になり、「売買件数」は前月比4か月連続で下落と、減少傾向が大きいのです。

　「売買件数」のほうから見てみましょう。直近での売買件数下落は、ニューヨークのラグジュアリーマンションや、カリフォルニア州、ワシントン州、アリゾナ州といった西部の諸州、外人による購入等で顕著です。

　アメリカの住宅販売シーズンは3〜5月です。既存住宅販売（中古住宅売買件数）は3月までは好調でしたが、4月からは一転して下落しています。既存住宅販売のカウント時期は「クロージング（残金精算・引き渡し）」なので、春の住宅販売シーズンは滑り出しから不調だったわけですが、実際、業者からは来場顧客数が伸びないといった声が聞こえていました。

　既存住宅販売の下落の要因として最も大きく挙げられているのが「在庫不足」です。価格がかなり高水準にあるのに、自宅を売りに出す人が少ないのです。

　これには買い替えた場合、既に自分が借りている低利なローンを新しい家では高利なローンで借り直さなくてはいけないという問題が起きるからという面があります。リーマンショック後のオバ

マ政権下で政策により「高利のローンの低利のローンへの借り替えブーム」が起き、非常に多くの人が低利のローンに乗り換え済みなのです。

　買い手にとっては価格が上昇しすぎたことも、売買が進まない大きな原因です。アメリカ経済全般が好調な中で、住宅市場がつまづきかけているわけです。

　「価格」の面はどうでしょうか。売買件数の落ち込みの中で、8月28日発表（6月分）のケース・シラー住宅価格指数で見ると、価格は前年比では上昇していますが、前月比で見るとほぼ横ばいの状態が続いています。

　ケース・シラー価格指数は既存住宅販売よりもさらに遅行性があることにも注意を要します。「8月28日発表の6月分」とは「4月、5月、6月」をならしたものであり、かつサンプルはその月に「クロージングされた物件」だからです。

　売買件数の落ち込みが価格にどう影響を及ぼすかを見極めるにはもう少し時間が必要ですが、流れ的には「アメリカの住宅市場はスローダウンに向かう」という見方がますます強くなっています。

三井不動産リアルティ㈱発行REALTY-news Vol.40　9月　2018年　掲載

ロンドンの住宅市場の不調が
イギリス全体に伝播

　ロンドンの住宅価格はこの10年間で倍になっていますが、しばらく前から値下がりが始まりました。最初に崩れたのはチェルシー、メイフェア、ケンジントンといったセントラル地区にある超高級住宅の市場で2014年の秋からパタッと売れなくなり、このセグメントから値下げが始まったわけです。

　これが順繰りに伝播しロンドン全般で価格下落する状況となり、それが今、全国へ伝播しています。ただし、イギリス全体では前年比での価格上昇率はまだプラスの領域にあり、スコットランドのエジンバラのように前年比20.9％と、活況な地域もあります。

　ロンドンの不調さの要因を挙げると、まず「ブレグジット問題」があります。

　ブレグジットによりロンドンの金融業が縮小すれば、金融業従事者という高所得層も減少する可能性が高く、これは住宅市場の一番上の層の需要が減ることを意味します。もう一つの影響は「ブレグジットに伴う不確実性」という問題で、どのようなことになるかが分かるまでしばらく動くのはよそうという心理です。

　スタンプ税の強化も非常に痛く、これをロンドンの住宅市場の不調さの最大の原因とする不動産業者も多くいます。「スタンプ税」というのは登記の書類にハンコ（スタンプ）を押してもらうための手数料です。日本では登録免許税の支払いの際に「印紙」を

買ってハンコを押しますので「印紙税」と訳されることがありますが、税率が変更されたことはないのではないかと思います。一方、スタンプ税の場合は住宅市場に関する政策手段の一つとして税率を簡単に変えてしまいます。イギリスでは住宅価格上昇を止めるため、一時期スタンプ税を大きく引き上げました。この結果、買い控えがおきているという指摘なわけです。

　中国人の投資家が一時の勢いを失ったことも響いています。中国勢は大口の著名ビルとしては、シティの「チーズグレイター」「トーキーウォーキー」を取得しました。これらにはポンド安で割安になったからという面もあります。現在、中国勢の投資が激減しているのは主として中国の国内要因からで、今のところ、これの回復の見込みはありません。

　状況を変える可能性があるのは、ロンドンを貫いて東西118kmを走る鉄道新線クロスレイル（エリザベス線）です。ロンドン部分の開業予定は当初は今年（2018年）12月でしたが、来年（2019年）秋に延期されました。この鉄道が開通すれば、ロンドンの不動産市場は大きく変化するものと思われます。

三井不動産リアルティ㈱発行REALTY-news Vol.41 10月　2018年　掲載

中国の住宅市場も
下落へ向かう見込み

　若干わかりにくい形をとっていますが、中国の住宅市場に変調が起きています。

　わかりやすいほうから話せば、マンションの販売価格を２〜３割値下げしたデベの事務所に、既購入者が代金を返せと押しかけるという騒ぎが各地で起きています。SNS等も検閲で削除されてしまう国なので正確な規模は不明ですが、かなりの数の都市でこのような動きが広まっているようです。

　二つ目のわかりやすい話は、土地の公売で不調が目立っていることです。中国では最大の「地主」は市役所等の各地方政府で、ここが放出する土地でマンション事業が行われます。これらの売れ残りはデベのセンチメントが冷えていることを示しています。

　そのようななか、９月の70大中都市住宅価格指数は前月比0.9％上昇と好調で、特に下位35都市は先月は前月比で２％も上昇していました。しかしこれには裏があります。

　中国は各地の中小都市で「貧民街再開発プログラム」を行いました。これらは中央銀行が中国開発銀行を通じて5,000億ドル（56.5兆円）という超巨額の資金を供給するという荒業で実施されていたのです。立ち退き補償金をもらった住民は新築マンションを買っています。先に述べた下位35都市で価格上昇が起きているのは（地方都市では不動産市場規制が緩いという点もありま

すが)、「貧民街再開発プログラム」による底上げもかなりあった
ようです。

　中国政府にはもう一つ誤算が起きました。習近平主席の肝いり
で進められた賃貸住宅の供給拡大方針が裏目に出て、全国30の
都市で家賃が前年比二ケタ上昇となってしまったのです。直接的
な原因は中間に立つマンション賃貸会社が、家主に高い借り上
げ賃料を提示し転貸する家賃も引き上げたためで、これにより相
場全体の上昇が起きました。

　目先、住宅市場は悪化見込みですが、「ひどい悪化」となるか
どうかは不明です。中国経済は成長率の鈍化や拡大しすぎた債
務、アメリカとの貿易戦争等、苦境にあります。住宅セクターは
経済の最重要部門ですから、簡単に悪化させるわけにはいきませ
ん。

　現在、多くの市で採られている住宅市場抑制策をどうするかと
いう問題もあります。中国の住宅市場は非常にシクリカル (循環
的) で、従来はそれは主に政策に起因するものでした。その意味
で、住宅市場は「管理されていたし管理可能だった」のです。中
国の経済規模は非常に大きなものになり、またこれ以上の借金を
するのはあまりにも危険で、政策により住宅市場をコントロール
するという話にももはや限界があるように思えます。

(ドル＝113円／2018年11月5日近辺のレート)

三井不動産リアルティ㈱発行REALTY-news Vol.42 11月　2018年　掲載

アマゾンの第二本社の都市が決定

アマゾンが昨年（2017年）、投資規模50億ドル（5,600億円）で第二本社を新たに建てたいとしたため、州政府や市役所レベルから不動産会社まで、大騒ぎが起きました。

238都市が立候補し10都市が最終選考に残っていたのですが、この11月に意外な結論が発表されました。当初の話とは違って「50億ドル（5,600億円）規模の第二本社1か所」ではなく、半分の「25億ドル（2,800億円）規模の本社、2か所」を建てるというのです。

選ばれたのはニューヨークのロングアイランドシティ（クイーンズ区）とワシントン近郊のクリスタルシティ（バージニア州北部のアーリントン郡）です。

アマゾンの招致を狙った州政府や市役所は多額の優遇策をアマゾンに提示し、インセンティブ合戦の趣を呈していたのですが、額の大きさは決め手にはなりませんでした。最終的に選ばれた所よりもニュージャージー州やメリーランド州のほうがはるかに多額を提示していたのです。最も重視されていたのは、人材の獲得のしやすさだったと言われています。

今回の経過を見ると、アマゾンの作戦勝ちだったのかも知れません。「50億ドル」と言われて各州が優遇条件を競い合い、それが「25億ドル」になるならインセンティブも半分という訳にはいきま

せん。「倍から切り出す」というのは商売上の駆け引きの古典的な手口です。

　選ばれた都市の一つ、ニューヨークは意外なことに既にもうITの集積地です。サンフランシスコやシアトル、シリコンバレーほどではないのですが、グーグルやフェイスブック、ツイッター等が大き目なオフィスを構えています。

　不動産会社もさっそく動き出し、バンを借りあげて投資家を乗せ、物件ツアーを始めています。あるマンションデベは仕掛かり中の物件のペントハウスをアマゾンのCEOのベゾス氏に売ろうと策を練っています。

　もう一つのクリスタルシティはペンタゴンに近く、ポトマック川を挟んで対岸がワシントンDCです。アマゾンは今後は連邦政府系の仕事も取り込もうとしているのではないかと見られています。当面のオフィス確保のしやすさ、ベゾス氏が大きな別宅や有力新聞社のワシントン・ポストを持っていることも同市を選んだ理由として想像されています。

　通常はこのような新しいオフィスの候補地選びは、社内にタスクフォースを作って隠密裏に進められます。しかし今回のようなやり方を取ることで、アマゾンは全米中の自治体から地域に密着した非常に良質で大変な量の情報を労せずして得ることができました。これも同社にとって今後、大きな財産になる可能性があります。

（ドル＝112円／ 2018年12月10日近辺のレート）

三井不動産リアルティ㈱発行REALTY-news Vol.43 12月　2018年　掲載

CHAPTER 5

平成から
令和へ

2019年1月→12月

ロサンジェルス界隈で
相次ぐウルトラ豪邸建売り

　ビバリーヒルズの西側のベルエアはアメリカでも屈指の豪邸街で、ここを中心に一戸数10億円以上という「新築ウルトラ超高額建売り住宅」が相次いで建設、販売されています。

　価格が価格なので一般向けに大々的に告知されない場合も多く、正確ではないかもしれませんが、ここ一年について私が把握しているのは次のとおりです。

　一番高い物件の販売価格は1.88億ドル（205億円）、二番目は1.80億ドル（196億円）で、三番目は1.35億ドル（147億円）です。1億ドル（109億円）という物件はスペイン風のビラで広さは約40,000sqft（1,124坪）、2019年4月竣工予定です。

　このクラスの広さになりますと、何をするにも陸上トラック一周分を歩くことになります。「大きすぎる」「ダウンサイズしたい」ということを売却理由にあげる人が多くいます。

　専門業者によると、この手の建売りでは投資利益率50％以上を狙っても、実際には30％程度になってしまうとしています。原価70億円のものを105億円で売りに出し、値引きや家具什器、美術品他の販促等で15億円を使うという世界のようで、彼自身、「これはクレイジーなビジネスだ」と認めています。

　実際、現在、建築工事が進められている物件の中には、販売価格が5億ドル（545億円）になるだろうと噂されているものもあ

ります。

　既存物件（中古物件）も含めた、世界のウルトラ高額住宅の市場を見てみましょう。

　「2,500万ドル（27.3億円）」以上の物件が存在する市場は世界に17か所あります。この一年間での売買件数は香港が47件、ニューヨークが39件でロンドンがこれに続き、御三家です（ロサンジェルスは入っていません）。これらのウルトラ高額住宅の半分は都市部の物件で、残りはスキーリゾートや別荘地です。

　ちなみに今のところ、アメリカで史上最高額となっている住宅取引は2014年に起きた1.37億ドル（149億円）の物件で、これはニューヨーカーにとっての人気別荘地、ハンプトンで起きました。買主はヘッジファンドの経営者です。

　ウォール・ストリート・ジャーナルに載った昨年（2018年）の高額取引のリストを見ていましたら、驚いたことにトップ5に日本人の名前が出てきました。詳しいことはわかりません。

　問題の売れ行きですが、意外なことに住宅市場が悪化しているなかで、今回取り上げたような「超富裕層向け」の住宅のセグメントはまずまず好調です。世の中は二極化以上に細分化しているようです。

（ドル＝109円／ 2019年1月7日近辺のレート）

三井不動産リアルティ㈱発行REALTY-news Vol.44　1月　2019年　掲載

世界のメディアが挙げる
お勧めの観光地のリストに驚く

国際的メディアの記者が推薦する世界の旅行先・観光地、合計25か所の中からいくつかをご紹介しましょう。元になっているのは4本の記事です。

まず日本関連ですが、二つの記事で推薦されました。一つは夫婦で3週間日本を周遊した記者の感想で、「今までした旅行の中のベスト5の一つ」とべたほめです。陶芸や座禅、白川郷でのそば等を喜び、中でも「倉敷」を特に気に入られています。

もう一つは「和歌山県」で、Airbnbが推薦するリストの10位に入っています。知人のホテル関係者に聞くと、これは高野山のことだろうとのことでした。

他では私がついていけるのはノルマンディ（仏）、ドロミテ（伊）、モルジブ、アモイ（中国）、スリランカくらいまでで、他はうかつな気分で訪れるとえらい目に遭いそうな気がします。ニューヨークやパリ、ローマといった定番のところは皆無なのです。

たとえばタジキスタンですが、同国へは隣国のウズベキスタン経由で入ることになり、ウズベキスタンまでのアクセスは以前より改善されたのですが、タジキスタンはまだ（観光客に）荒らされていないというのが推薦理由です。かなりの覚悟をしていったほうが良いでしょう。

インドネシアの「ミスール・エコ・リゾート」はジャカルタから飛

行機に４時間乗り、さらに船で４時間です。写真ではサンゴ礁の海に小ぶりのバンガロー数棟が浮かんでいます。たどり着くまでも体力勝負ですが、天候が荒れたら帰れるはずがありません。

　アフリカのルワンダをあげている記者もいます。同国の国立公園に初めてハイエンドな宿泊施設ができ、またルワンダ航空が機体数とルートを増加させ訪れやすくなりました。中国が資金を出して道路が改善、ホテルやサファリのキャンプも質が向上しています。

　アラビア半島のオマーンの見どころは、18か月に及ぶ大修繕が完了した豪勢な宮殿です。五つ星ホテルでリラックスして、山岳地帯や砂漠の冒険を楽しむことができます。今年（2019年）になって空港が大幅に拡張され、飛行便の数も増加しました。

　凡人にとり、ニュージーランドのカイコウラという海辺の町ならホッとできそうです。2016年の地震で受けた大きな被害から交通が復旧、Airbnbでの予約数、検索数ともに伸び率が第一位です。セールスポイントはクジラやアザラシ見物です。

　どうもこの手の話で受けやすいのは、「いかに行きづらい場所か」という点のようです。

　いずれにせよこんな感じの旅行先がリストアップされている中で日本関連が２か所で出てくるわけですから、欧米人にとって日本はまだ相当エキゾチックな国のようです。

三井不動産リアルティ㈱発行REALTY-news Vol.45　2月　2019年　掲載

2.38億ドル（267億円）の 超高額マンション売買がクローズ

　1月、一住戸が2.38億ドル（267億円）という超巨額のマンション売買がクローズしました。マンハッタンのセントラルパークのすぐ南側に接する通り沿いに建つ220セントラルパーク・サウス内の住戸です。「クローズ」というのは契約手続きが完了したという意味ですが、売買契約書にサインされたのは2015年です。竣工は年内の予定です。

　デベはニューヨーク本拠のボルナドです。建物は65階建て（デベは販売上は79階建てとしている。このようなサバ読みはよくある）で、今回の住戸はこの40階から始まる4フロアを連結した、いわゆるクアドプレクスと呼ばれるタイプのものです。広さは24,000sqft（675坪）ですので、単純に坪単価に換算すると3,960万円になります。ボルナドは昨年（2018年）10月にこのプロジェクトは83％が売れたと発表しました。ちなみに同社がこのプロジェクトで得た利益は一声10億ドル（1,120億円）と言われています。

　今回の購入者は大手ファンドのシタデルのケネス・グリフィン氏ですが、同氏はこの話の直前にもロンドンで9,500万ポンド（140億円）の住宅を買いました。今までにシカゴ、マイアミ、パームビーチ、ニューヨークで数十億円以上の物件を買っていて、超豪邸の取得に投じてきた費用は7億ドル（780億円）とされてい

ます。典型的な「トロフィー・ハンター」なのです。

　ニューヨークでの住宅単体の今までの最高価格は2014年に起きた1億47万ドル（113億円）です。これは「億万長者通り」として知られる通称ビリオネアズロウ沿いのワン57というマンションのデュープレクス（2フロア連結）でした。今回の物件が面するセントラルパーク・サウスという通りはビリオネアズロウから2本、北です。

　アメリカ全体での今までの住宅の最高売買価格は別荘地ハンプトンで2014年に起きた1.37億ドル（153億円）です。今回の取引はこれを大幅に塗り替えました。

　各年におけるニューヨークでの最高価格の住宅取引を1982年から遡って並べてみると、幾つかのエポックメイキングな取引があることがわかります。2006年の5,300万ドル（59億円）や2012年の8,800万ドル（99億円）などです。

　世界を見渡すともっとすごい売買があります。世界の高額住宅売買ランキングの第1位は香港の最高級住宅地、ピークで起きた28億HKD（香港ドル）（398億円）で、広さは51,000sqft（1,433坪）です。2位と3位は売買発生時のドル換算で比較しているために順位が逆に見えますが、2位はモナコの中古マンション、17,500sqft（492坪）で2.4億ユーロ（302億円）、3位はパリ近郊所在の中世の城を模した超豪華建売り住宅「ルイ14世城」で2.75億ユーロ（347億円）です。

（ドル＝112円　ポンド＝147円　ユーロ＝126円　HKD＝14.2円／2019年3月6日近辺のレート）

三井不動産リアルティ㈱発行REALTY-news Vol.46　3月　2019年　掲載

オーストラリアで住宅価格が大幅下落

　オーストラリア全体で住宅価格が下落していますが、特に主要2都市のシドニーとメルボルンで価格下落が顕著です。ただし後述するように、まだ経済全般に重大な影響を与えるほどではないだろうとされています。

　3月時点で見るとシドニーの住宅価格はピークだった2017年比で13.9%下落、メルボルンは10.3%下落をしています。1年間で2けたの下落というのは1980年代初頭以来です。

　オーストラリアの面積は769万平方キロで日本の20倍、人口は2,499万人で日本の5分の1です。にもかかわらずシドニーの住宅は東京よりも高く、去年（2018年）の5月の時点で戸建て住宅のメディアンは118万ドル（1.3億円）でした。所得やローンの金利水準等を加味した「アフォーダビリティ（住宅取得の容易さ）」で見ると、シドニーの住宅価格は世界でも香港に次いで二番目に高いのです。

　我々は長い間、日本は国土が狭く平野が少ないので住宅の値段が高いのも仕方がないと思い込んでいました。しかし事実は異なります。アメリカのニューヨークやサンフランシスコ、カナダのトロントやバンクーバー、そしてシドニーやメルボルン、これらの国は日本とは比べ物にならないくらい広いのに、住宅価格は東京や大阪よりかなり高額です。

　「狭いから高い」と言えるのは、香港とモナコ、これにシンガポールを入れるかどうかくらいで、住宅価格と国土面積の関係はあっても二次的なものです。

　シドニーでは商業不動産市場は住宅市場ほどは悪くありません。たとえばオフィス主体の巨大再開発、バランガルーの第一フェーズは昨年（2018年）5月に成功裏に完了しました。

　バランガルーにはマンションも159戸あり、2013年当時は販売開始から3時間半で完売するという好調ぶりでした。しかし今、売り出されていたらどうだったかわかりません。

　現在販売されている物件では10万豪ドル（790万円）の値引きや、投資家が購入した場合のリース保証、販促としてiPadを付けるといった状況が見られます。

　シドニーでは5年間続いた住宅ブームで、2012年比で価格が60％も上昇しました。この結果、現在の程度の価格下落が起きても、金融機関にとってローンの担保不足なり含み損となる額はまだ小さく、吸収可能だろうと見られています。

　したがって経済全般に影響を及ぼすような大ごとにはならないとされているわけです。オーストラリアは先進国では極めて稀な「27年間、景気後退に陥っていない」という記録を更新中なのですが、今回は一服する可能性にも注意すべきでしょう。

（ドル＝111円　豪ドル＝79円／ 2019年4月10日近辺のレート）

三井不動産リアルティ㈱発行REALTY-news Vol.47　4月　2019年　掲載

アマゾン、ニューヨークでの第二本社案、突然撤回とその状況整理

　アマゾンの第二本社予定地が昨年（2018年）11月、238の候補地の中から最終的にニューヨークと北バージニアの二か所で決定したはずだったのですが、ニューヨークについてアマゾンは急遽撤回してしまいました。ほぼ同時期に起きたベゾスCEOの個人的な問題、二つも絡めてご報告いたします。なお北バージニアの方は順調に進んでいます。

　第二本社の予定地として選ばれていたのはニューヨークのロングアイランドシティ（クイーンズ区）と、バージニア州北部のクリスタルシティ（ワシントンDCに隣接）です。

　ところがニューヨークについて、地元のクイーンズで反対運動が起きてしまいました。

　反対理由はいくつかあります。誘致条件として、州と市は合計で30億ドル（3,300億円）の税インセンティブをアマゾンに約束しましたが、反対派は同社のような超巨大会社にこのような巨額の税の優遇をするのは止め、そのようなお金があるなら直接、地元民のために使えと主張しました。

　進出が予定されている地域は比較的不動産価格が安いのですが、アマゾン進出で家賃が上昇しかねない、というのも反対理由にありました。

　さらに「顔認証の是非」や「アマゾンの労働環境の問題」という

本件とは関係が薄いテーマまで、議論は一種のうねりのようになってしまいました。反対運動の中心的役割を果たしたのは地元選出の若手民主党議員で、彼女は「進歩派（左派）」に分類されます。

このような中でアマゾンは突然、「やめた」と言ったわけです。ほかの都市なら大歓迎してくれるだろうに、こんな政治的議論に巻き込まれるようならいやだというわけでしょう。

アンケートによればニューヨーク市民の70%はアマゾンの進出を支持しています。今回の撤回を惜しむ声も多く、また民主党の「中道派」の中には先にあげた「進歩派」の動きを快く思っていない人間も多数います。一時はこれをきっかけに民主党内の亀裂がさらに深まるとまで懸念されました。

以上の話とほぼ同時期に起きたのがアマゾンのベゾスCEOの超巨額の離婚と、タブロイド紙「ナショナル・エンクワイアラー」の親会社から同氏が受けた不倫に関する脅迫です。後者にはトランプ大統領のスキャンダルの問題も絡んでいます。

本稿執筆時点では、アメリカではモラー特別検察官の報告書により大統領のロシア疑惑がヒートアップしています。ベゾス氏は厳しいトランプ批判を続けている「ワシントン・ポスト」の社主であり、大統領選のどこかで同紙発の爆弾が出るかも知れません。
（ドル＝110円／2019年5月13日近辺のレート）

三井不動産リアルティ㈱発行REALTY-news Vol.48 5月 2019年 掲載

ロンドン大会に見る「オリンピック」と不動産市場

　オリンピックでは開催に向けて巨額の投資が行われます。これは不動産ビジネスにとっても短期的には明らかにプラスなわけですが、中長期的にはどうなのでしょうか。

　都市政策という観点からも近年で最も成功したのはロンドン（2012年）です。メインスタジアムはロンドン東部のストラトフォード地区に置かれました。同地区はいわゆる「イースト・エンド」と呼ばれるイメージがよくない地域にあります。「イースト・エンド」という言葉には日本の「下町」とは異なり、軽蔑的なニュアンスが含まれることさえあります。

　イギリス政府はオリンピックを起爆剤としてこの地区の底上げを図りました。スタジアムを中心に主要な競技施設を集めて整備し、「オリンピックパーク」としました。これが非常に効いて周辺には大企業やITスタートアップのオフィスや、大学、ミュージアムやシアターが移転、マンションも数千戸規模で供給され、今も各種の不動産開発が進んでいます。かつては人が行きたがらない地区だったストラトフォードは人気のエリアとなったのです。

　これを「オリンピックの効果」と言うべきなのか、「（オリンピックに伴って実施された）インフラの集中投資の効果」と言うべきなのか、分けて議論をすべきだとする人もいますが、二つは区分不可能なもののようにも思われます。

　ロンドンではオリンピック終了後に市域全体で住宅価格の大きな上昇が起きました。しかしこれはそれほど長続きせず、市場は2014年をピークとしてまず最も価格が高いクラスの住宅の売れ行きが停止し、その後、本格的な価格下落が始まり、これが一般の住宅の不振にも徐々に波及していきました。2019年現在、ロンドンの住宅市場は不振の真っただ中です。

　この不振の直接的な原因はスタンプ税（印紙税・不動産取得税に類似）の引き上げやブレグジット問題への懸念等です。しかしオリンピックがなかったらもっと激しい下落に陥っていたのかどうか、実験により検証するようなことはできません。

　検証を行うとすると、数回以上のオリンピックについてその開催前後10年弱程度の期間の不動産市場の変化を調べ、さらにそれぞれの開催国における特殊事情を抽出、影響を排除したうえで残った物がオリンピックによる影響だとする方法があります。

　こういった分析により、ある研究者はオリンピックは不動産市場にプラスの影響を与えた国と与えなかった国があるとしています。興味深いことに、オリンピックを機とした都市インフラの更新に重きを置いたケースよりも、オリンピックをきっかけとして国の知名度を上げて観光客や海外からの投資の獲得を図ったケースのほうが、不動産市場に対して中・長期的にポジティブに働いているとしています。

三井不動産リアルティ㈱発行REALTY-news Vol.49　6月　2019年　掲載

アメリカで
新手のフリッピング（住宅の買取り短期転売）
が増加

2000年代中盤の住宅バブルのときにアメリカで流行したフリッピングが、また増加しています。「フリッピング」というのは、日本で言う「買取り転売」のことです。

以前のフリッピングと現在のフリッピングにはいくつか違いが見られます。前回は、サブプライムローンを利用した個人の投資家が主役でした。サブプライムローンは金利は高めでしたが、すぐに融資が出たことからもっぱらこれが利用されていました。

今は企業が行うフリッピングが目立っています。「購入から一年以内に売却したものをフリッピングとする」とした時、2018年第4四半期の全住宅取引のうち、10.6％がフリッピングでした。これは前回のピークだった2006年第1四半期の11.3％に近づいています。今回は企業によるものがこのうち40％もあり、この点で前回とは大きく異なるわけです。

また今回は、不動産にかかわるいくつかの話がIT化されて能率が極度に高まっていることを背景に、新手の投資手法が目立っています。

たとえば不動産売買の流れは仲介会社との折衝や委託、価格づけ、オープンハウス等々、ローテクのかたまりなわけですが、最近はホームページ上でクリックを数回すると売買手続きが完了するサービスが出てきました。

　オンライン不動産検索サイト最大手のジローは抜群の情報量を持っているので、売り希望者から連絡があると独自のアルゴリズムで同社が買う場合の暫定オファーを出し、そのうえで実地検分をして最終オファーを出します。手数料は平均7％です。

　売主にとって手取りが若干減るように見えますが、ジローに売ることには大きなメリットがあります。さまざまなわずらわしい交渉や決断をしなくて済みますし、ステージングの手間と費用も省けます。「ステージング」というのは市場に出している期間中、専門業者からソファーやテーブル、絵などを借りてきて配置し、家の見栄えを良くする作業です。日本では新築マンションのモデルハウスで見られるようなことを中古住宅の販売の際にも行うわけです。

　ジローはこうして買い取った住宅に修繕を加え、中古市場で売却します。修繕の必要度合いに応じて、先ほど書いた「7％」という手数料率を変えています。

　住宅価格が下落局面に入るとただちに苦しくなりそうなビジネスモデルですが、ジローはこの手数料があるので大丈夫だとしています。

　フリッピングを大規模に手がけているところには、ジローの他にオープンドアとオファーパッドがあります。

三井不動産リアルティ㈱発行REALTY-news Vol.50　7月　2019年　掲載

WeWorkの上場後の
株価の見込みが極端に分かれる

WeWorkは9月にIPO・新規上場を予定していますが、評価が大きく分かれています。端的に言えば株価の問題です。ソフトバンクによる企業評価額は470億ドル（5.03兆円）ですが、同業他社と比較するとせいぜい数千億円なので、評価額に10倍もの開きがあるのです。これは同社を「IT会社」と見るか、「不動産会社」と見るかによる違いでもあります。

先日アナリスト向けミーティングがありましたので、本稿を皆様がご覧になる頃には専門家からの評価も出ているかもしれません。

WeWorkの当初のビジネスモデルは「コワーキング」と呼ばれていました。広い部屋に大きな机を用意し、会員はPCを持ち込んで空いている席で仕事をします。ソファやジュースバーにも十分なスペースが割かれ、会員同士の交流を図る仕掛けとしました。

机やキャビネを備えた数人用の小部屋も好評だったので、このような部屋を中心にして共用部にソファやジュースバーを設けるレイアウトの拠点も増やしました。これらは「シェアド・オフィス」と呼ばれます。簡単に借り増しや広い部屋への引っ越しができます。

通常のオフィスと同程度の多人数を収容する部屋もあります。これが一般のオフィス賃貸とどう違うかといえば、最大の売りは

契約のフレクシブルさです。英米ではオフィスの賃貸契約は10〜20年が標準ですが、WeWorkは最低2年からなのです。

　こういった貸し方は、総称して「サービスト・オフィス」とも呼ばれます。テナントはオフィス開設のために必要なエネルギーを極力減らせるわけです。

　同社が強調したのは、オフィスで働いている人の働き方をデータとして集めて分析し、新しいオフィス像を創造するという主張でした。自分たちを「IT企業」だとし好んでアマゾンと比較しました。その結果、当初は「IT企業」の括りに入れられていたわけです。

　WeWorkに大きなケチを付けたのはサウジとアブダビでした。両国からの異議申し立てにより、同社は「IT会社ではなく不動産会社だ」という認識が世界で広まってゆきます。

　いかに規模拡大を優先しているとはいえ、赤字を続け黒字転換のめどが立たないことも大きなマイナスです。2018年度の赤字は19.3億ドル（2,070億円）と毎年拡大する一方で、2016年以来の赤字額は累積で30億ドル（3,210億円）以上に達するのです。

　CEOであるニューマン氏個人についてもいろいろな問題が指摘され、メディアでの彼の評判は芳しくありません。それはともかく、従前、同社の株価を決めていたのはソフトバンクでしたが、上場以降は株価は投資家の判断で決まることになります。

（ドル＝107円／2019年8月6日近辺のレート）

三井不動産リアルティ㈱発行REALTY-news Vol.51　8月　2019年　掲載

世界の超高層マンション

　高さ150メートル以上ある超高層マンションは世界にちょうど2,000棟程度あります。本場のニューヨークから見てみましょう。

　最も目を引くのは、マンハッタンの通称ビリオネアズロウ（億万長者通り）沿いの超高層マンション群です。セントラルパークの南端に近い、カーネギーホールがある通りです。超高層かつ超ラグジュアリーな新築マンションが密集しています。

　この地区では背が高いかどうかの境目は「1,000フィート（304.8m）」です。最も背が高いのは来年（2020年）竣工予定のセントラルパーク・タワーの1,423フィート（433.7m）で、これは高尾山をふもとから見上げた時よりも高くなります。ただし上の方は機械室で、居住部分で一番高いのはこれよりも低くなります。

　このプロジェクトでは総額40億ドル（4,280億円）の売上げが見込まれています。しかしマンハッタンのラグジュアリーマンションの売れ行きは現在あまり調子がよくなく、このマンションもまだ40%が売れ残っていると言われています。

　中国では土地が狭い香港はもちろん、北京、上海、深セン等でも盛んに超高層マンションが建てられています。「タワーマンション団地」といった感じのプロジェクトもあります。

　超高層マンションの密集地としては中東のドバイがすごいことになっています。1,000フィート（304.8m）を越すマンションが

7本あり、800フィート、900フィート台のものも多数あります。超高層タワーマンションの「密度」では、ニューヨークを凌いでいます。

世界一の高さを誇るビル、ドバイのブルジュ・ハリファ（828m/808m）にはマンション部分もありその最上階は108階です。

ヨーロッパでは超高層マンションの数はぐっと減ります。そもそも伝統的に、「高層マンション」という住居形態があまり評価されていません。

パリでは高層マンションは少なく、高さ150m以上のものは1本もありません。パリジャンが評価するのは中心部のアパルトマンであり、これらは19世紀に街並みが完成した7階建て程度の石造りの建物群なのです。

ロンドンでは最近、事情が変わりました。ロンドン市が積極的に建築許可を出すようになって、ラグジュアリーな高層マンションの供給が増え、高層住宅に対して持たれていたネガティブなイメージが変わっています。それでも階数的には20階建てから30階建てまでくらいで、いわゆる「超高層タワーマンション」はまだ見当たりません。

（ドル＝107円／2019年9月10日近辺のレート）

三井不動産リアルティ㈱発行REALTY-news Vol.52　9月　2019年　掲載

イギリスでも小売店の苦境が続く

アメリカや日本での「小売店（実店舗）」の苦戦が伝えられていますが、イギリスのそれもかなり苦しい状況が続いています。主因はアマゾン他のオンライン通販による侵食で、これにブレグジットの不確実性に伴う消費意欲の減退が加わります。

アメリカで起きたシアーズ、トイザらすほかのような大規模倒産は多くはないのですが、大どころでは傘下に有名小売店チェーンを持つアルカディアが行き詰りました。同社の店舗はSC大手のインツに多く出店、インツの家賃売上げの４％を占めています。

小売業の経営破綻がモール会社を直撃した典型的な例です。アルカディアは経営再建のために家賃の引き下げをインツに求めましたが、インツはこれはほかのテナントからの家賃引き下げ要求の連鎖を呼びかねないとし、モールの同業者と手を組んで拒否しました。

しかし家賃を引き下げないとアルカディアは破たんしてしまいます。破たんしてしまうと家賃が入らなくなり元も子もなくなるので、インツとしては苦しいところです。

日本でも有名な老舗高級百貨店のマークス&スペンサーも株価が１年で４割下落する等、苦戦が長引いています。イギリスの大企業の証は「FTSE100」という株価指数の構成銘柄になっていることですが、同社は先日、これから外されてしまいました。日本

の日経平均（日経225）とは異なり、FTSE100はほぼ機械的に時価総額基準で年に4回、リシャッフルされてしまうのです。

　マークス&スペンサーの店舗数は約1,000店で、不採算店の閉鎖を進めています。

　最も苦境にあるのはいわゆる「ハイ・ストリート」の商店群のようです。ハイ・ストリートというのはある程度以上の規模の商店街のことで「目抜き通り」とも訳されますが、そこまでの規模ではないものも含まれます。

　イギリスの500本のハイ・ストリートで今年（2019年）上半期に閉店した店舗の数は2,868店で、これは毎日16店が閉店になっている勘定です。新たに開店したのは1,643店なので、閉鎖した店舗数に全く追いついていません。さらにこれらは「５店以上のチェーン」について捕捉されたもので、それ以下の零細な商店についてはわかりません。

　これらとは反対に好調なのは、オンライン通販のために用いられる物流倉庫なのですが、こちらにも徐々に変化が起きています。この件はいずれご報告いたします。

三井不動産リアルティ㈱発行REALTY-news Vol.53 10月　2019年　掲載

オーストラリアの住宅価格が復活上昇

　今年（2019年）の４月に「オーストラリアの住宅価格が大幅下落」とご報告いたしましたが、その後、立ち直って順調な回復軌道に入りました。シドニーとメルボルンを中心に近況をご報告いたします。

　振り返ると４月、５月が底でした。この時点では価格は前回のピークであった2017年との比較で14％下落していたのですが、それでも2012年（2008年のリーマンショック後の大底）と比べて40 〜 50％も高い状態で、もう一段の下落もありうるかとも思われていました。

　転換点は７月の数字が発表された８月です。２か月連続して前月比で価格が上昇したので、市場は手ごたえを得ることができました。この上昇傾向はその後、一段と強まり、シドニーでは10月の時点で以前の２年間分の値下がりを取り戻し、上昇率もかつての住宅価格急騰時並みになっています。メルボルンでもかなり上昇しています。

　過去のチャートを見てみると、住宅価格は2017年秋から前月比でのマイナス基調に入って下げ幅はだんだん大きくなり、2018年暮れに最大となっています。以降、下げ幅は徐々に縮小に入り、2019年7月にとうとうプラスに転換したわけです。

　要因的には「中央銀行による利下げ」「モーゲージ融資規制の

緩和」「総選挙での野党の予想外の敗北」を上げるのが一般的で
すが、そのほかの要因も指摘しておきます。

　シドニーやメルボルンでは一時、中国人による購入が多発し、
住宅価格が急上昇しました。政府はこの行き過ぎを懸念して外国
人による購入を規制した結果、中国人の購入が激減したことも住
宅価格を下落させました。今はこの影響が一段落したように見え
ます。

　また約2年にわたる住宅価格の下落で、オーストラリアの人の
間に「もうそろそろ」という気分が広まっていたとも想像されます。

　オーストラリアの中古住宅は世界的にも珍しい慣習で売られま
す。売却希望者は最低売却希望価格を示して、日にちを決めて
自宅の前で「オークション」を行うのです。これには売り委託を受
けた業者や買い希望の人はもちろん、近所の人やさらにはやじ馬
まで集まる、一種のスペクタルになります。マーケットの状態を
非常に草の根的に実感しやすい慣習なので、「もうそろそろ」とい
う購入者の買い意欲を高めた可能性があると思います。

　ちなみにオークションでは最低売却希望価格に達する人が現れ
ず、流れることも多々あります。オークションの成立率は住宅市
場の強弱を測る有力なバロメーターであり、6月に60%を超えた
あたりでムードが変わったわけです。今は入札合戦で価格がつり
上がるケースも出ています。

三井不動産リアルティ㈱発行REALTY-news Vol.54 11月　2019年　掲載

変調が本格化しつつある
中国の不動産市場

中国経済はかなり悪く中小の銀行多数にもほころびが広がっています。しばらく前まで「不動産セクター」は唯一の明るいセクターだったのですが、これも怪しくなってきました。

オフィスビルから見てみましょう。主要17都市の空室率は今年（2019年）に入って急上昇して第3四半期では21.5％となり、そのうち14都市では家賃も下落しています。空室率は上海で18.5％で、フリーレント期間も長くなっています。

武漢で建設中の高さ475mの超高層ビルは、大手デベ・緑地集団による支払いが大幅に遅延し、工事がストップしてしまいました。しかし竣工までもっていけても、武漢の空室率は36％もあります。中国全体では300m以上のビル12件で建築工事が停止しているとされています。

空室を埋める賃借人として、中国でもWeWorkのようなコワーキング会社が急増しましたが、資金繰り難から10か月間で約40社が店じまいしました。ビルは供給過多なのです。

住宅のほうは話がややこしくなります。

総論として、中国政府は住宅価格は高すぎると考えているのですが、価格が急落するような事態は避けたいという立場です。景気下落を改善させるためには市場刺激を目的に規制緩和を行いそうなものなのですが、それはきっぱりと否定しています。

　北京政府は住宅政策の具体化を各地方政府に委ねました。全国をまとめてカバーするのではなく、各地の実情に合わせるためです。市場がスローになっている市が多いなかで、規制を緩めたために住宅価格が大きく上昇している市もそこそこあるという、わかりにくい状態になっています。都市部での住宅購入の前提である「都市戸籍」を取りやすくした市も増えています。

　その一方で、デベの状態は変です。マンションの売れ行きは悪くはないのですが、資金面の様子がおかしいのです。

　図面売りにより手付金を受け取っていながら、同時に借金も大きく増やしています。これでは将来、資金繰りの問題で工事が進まず、マンションが予定どおりには竣工しない例が多発するでしょう。デベはブレの大きな住宅事業のヘッジにオフィスビルを用いていたのですが、前述のようにこの方程式は機能しなくなっています。

　恒大集団、碧桂園、万科企業、緑地集団といったトップのデベの株価は、4月以降で20%下落しました。

三井不動産リアルティ㈱発行REALTY-news Vol.55 12月　2019年　掲載

CHAPTER 6

新型コロナウイルスが
世界中で蔓延

2020年1月→12月

2020年の世界の不動産市場を
展望する

　一寸先は闇ではありますが、今年（2020年）の世界の不動産市場を西まわりで順に展望します。

　香港では騒乱で観光客が激減、売上げ歩合賃料の減少で店舗用不動産が下落しました。ホテルは稼働率が急落しましたが目立った売買がありません。香港市民のほとんどは香港に住み続けるつもりなのとローン規制の緩和のおかげで、住宅の売れ行きは堅調です。

　中国ではビルが大幅な供給過剰で工事が停止したプロジェクトが多発、一方で住宅はなだらかに減速中です。最大の問題は金融システムで、当局がバブルにより生まれた過剰な債務の削減を図っているためにあちこちで歪が顕在化、デベも影響を受けています。

　シンガポールでは国民の8割は公営住宅に住んでいて、民デベが供給しているのはラグジュアリーマンションだけです。この在庫が4年分もあり不振に陥っています。最近一番上のクラスに中国人の買いが戻り始めましたが、今年（2020年）はこれが広がることが期待されます。

　オーストラリアの住宅市場は2019年の春に市場が底入れし、秋にはバブル期並みの価格上昇率となっています。今年（2020年）も少なくとも当面は今の回復傾向が維持されるでしょう。

　イギリスはブレグジットの方針が固まり、投資家が嫌う「不確実性」が弱まりました。トップエンドの住宅市場から良くなりそうです。買い控えで積みあがった国内投資家と、ポンド安で価格に魅力を感じる外人投資家とからの買いが期待できるのです。ビルはブレグジット懸念から着工が手控えられていたために新規の供給量が減っていて、需給の関係でリーシングが好調という変な状態です。新規供給には何年かかかるので今後も好調が続くでしょう。反対にモールや実店舗はオンライン通販に押されてますます苦しくなりそうです。

　アメリカは全般的に好調です。一般に大統領選が終わるまでは景気を悪くさせることはないので、不動産市場も今年（2020年）はその恩恵を受けるでしょう。特に好調なのは物流倉庫です。例外なのはモール用不動産とニューヨークのラグジュアリーマンションです。後者は供給過剰がはなはだしく、大幅値引きにコンセッション（販促のおまけ）を目一杯つけてやっとなんとか客が付くという状態です。過剰在庫はなかなか減りそうにありません。

　日本の不動産市場の話が世界で語られることは滅多にありません。たぶん論評に値するデータがないためでしょう。新築も中古もタイムリーなデータがなく、住宅ローンの申し込み件数も融資実行件数も集計・公開されていません。公示地価も路線価も経済データとしては信頼されておらず、新設住宅着工件数さえも話題になりません。日本では行政も民間も「目隠し」をしたまま走っているかのようなものなのです。

三井不動産リアルティ㈱発行REALTY-news Vol.56　1月　2020年　掲載

三井不動産のマンハッタンでの
超大型投資の成功がほぼ確定

　三井不動産はマンハッタンで進行中の巨大開発、ハドソン・ヤード内の大型ビルに超巨額を投資していましたが、成功がほぼ確実となりました。

　2本のビルに約1,000億円と約4,000億円を投資していたのですが、先日、ニューヨークでのオフィスの集約と拡張を進めるフェイスブックが大口の賃借を決め、前者のビルは満室稼働、後者のビルは2022年竣工予定だというのにもう75%の床が契約となっています。

　三井不動産はニューヨークでは以前は石油メジャーのエクソンが本社としていた超高層ビルを、ワイキキでは高級ホテルとして名高いハレクラニを所有、ロンドンではBBCの再開発を成功させ、東南アジアや台湾でもSC、マンション、ホテルを中心に展開しています。

　このような輝かしい成功の「前史」にはカトマンズや西安でのホテルの失敗、パリの邸宅に関する市当局との交渉の失敗、ロサンジェルスで泣く泣く手放した2本の超高層ビル等がある訳ですが、同社の常に前向きな姿勢が今回の大成功に結び付いているようです。

　ハドソン・ヤードはマンハッタンのビジネスの中心地であるミッドタウンの西側にある、ハドソン川に面した鉄道の操車場（ヤード）

を中心とした超大規模再開発です。

2008年に催された提案コンペにより、デベのリレイティッドが主導して開発が進められることになりました。三井不動産はこのプロジェクトでは「不動産デベロッパー」と「財務的な出資者」の中間的な位置づけと言えると思います。

これが呼び水になって、周辺にもいろいろな企業が集まり始めています。最も注目されるのは、従前は西海岸のサンフランシスコやシアトルに集積していたIT企業群の動きで、これらが続々とニューヨーク、特にハドソン・ヤードの周辺で拠点を拡大しつつあります。

冒頭のフェイスブックはその一つですが、アマゾンはごく近くに中規模のオフィスを賃借しました。同社は昨年（2019年）、クイーンズでの25,000人規模の第二本社計画を地元の反対で撤回しましたが、ニューヨークの魅力には勝てなかったようです。オフィスを無駄に分散させるはずがないので、今後は今回のビルの周辺に借り増すと予想され、ハドソン・ヤード周辺のポテンシャルはますます上昇することになるでしょう。

グーグルもハドソン・ヤードから歩いて10分くらいの場所にオフィスの集結を図っています。中規模以下のIT会社も移転が増えています。

金融のダウンタウン（ウォール街を含む）、事業会社が中心のミッドタウンに続いて、ハドソン・ヤードが所在するミッドタウン・ウエストが「東のシリコンバレー」と呼ばれる日も近いかもしれません。

三井不動産リアルティ㈱発行REALTY-news Vol.57 2月 2020年 掲載

破たんしたフォーエバー21を
モール大手等の3社が
わけありで共同買収

女性物が中心の低価格衣料品チェーン、フォーエバー21を、アメリカのモール最大手のサイモン・プロパティと投資会社のブルックフィールドと、もう一社の合計3社が共同で買収しました。買収価格は8,100万ドル（82.6億円）の模様です。

ブルックフィールドは2018年にモール第2位のGGPを完全子会社化しています。したがって今回の買収はモールのトップ2社が組んだ異例の買収です。なぜこのような買収になったのかを見てみたいと思います。

フォーエバー21は韓国系アメリカ人が1984年に創業、2000年代に急拡大したのですがその後、経営不振に陥り、2019年9月に破産申請しました。この時点では世界で800店舗とされ、日本でも10数店を展開していました。同社はもともとは小規模な店舗で営業していたのですが、ある時期からモール内でかなり大きな店舗を構えるようになりました。

特徴はとにかく安いことで、当然薄利で、相当な高回転だったはずです。若い女性の支持を得ていたのはいいのですが、商売の仕方について批判されることが多い会社でした。他社のデザイナーが出した新作をただちにコピーしてイミテーションを格安で売るので、著作権侵害訴訟を数多く抱えていた時期があります。さらに出店しようとするモールに、近傍の同社の店の売上げを実

際の３倍と、うその説明をしたとしても訴えられています。

　破たんに到った原因はいくつかあります。飽きられたとか、H&Mやザラも似たような安い価格の商品を売り始めたとか、店舗を大きくし過ぎて低価格路線の生命線である商品の回転率が悪くなったというような問題が指摘されています。

　一方、アメリカのモールは苦戦中です。モールでは核店舗はデパートが最も多いのですが、倒産や閉店が相次いでいます。専門店の中では店舗面積がとても大きいフォーエバー 21 に倒産・閉店されてしまうと、後継テナントを見つけてくるのはかなり難しい状況です。

　サイモン・プロパティの場合、稼働率は90％とまずまずなのですが、既存のテナントからはモール内の大型テナントや隣近所のテナントが閉店したことを理由とした賃料減額要求を、多数受けています。このような中、フォーエバー 21 は同社のモールのうち98か所に入居、基本賃料ベースが同社のテナント中で第7位という大口の賃貸先でした。

　サイモン・プロパティは時価総額で世界最大級の不動産会社ですし、GGPも非上場にはなりましたが相当巨大なので、フォーエバー 21 くらいなら買収しても大したことはありません。同社を生かして自社のモール内の店舗だけは閉店させずに継続させようというのが、今回の買収でのモール大手２社の最大の狙いと思われます。

（ドル＝102円／ 2020年３月９日近辺のレート）

三井不動産リアルティ㈱発行REALTY-news Vol.58　３月　2020年　掲載

新型肺炎で炎上してしまった
アメリカの不動産金融市場

　新型肺炎はホテルやモールをはじめ世界の不動産ビジネスの各所へ大きな影響を与えています。ここでは「不動産金融」の世界で発生した問題を3月末時点でまとめてみましょう。

　アメリカでは、銀行は貸し出した住宅ローン債権の概ね半分を政府系の専門金融機関か民間の投資銀行に売却してしまいます。住宅ローンを買い取った側は数千本を束にしてスライスします。みじん切りにされたこれらの小口の債券がMBS（モーゲージ証券）です。商業不動産向け、すなわちモールやオフィスビル、ホテル他向けのローンは投資銀行のみが買い取り、こちらは100本から数百本を束にしてスライスします。これがCMBS（商業不動産モーゲージ証券）です。

　MBSやCMBSへの投資に特化したリート（モーゲージリート）や商業ファンドがあります。これらの会社は取得した債券を担保にして銀行から融資を受け、この資金でMBSやCMBSを買い増してきました。こうすれば利益が増えるからです。

　このような仕組みを襲ったのが新型肺炎でした。MBSが成り立っているのは住宅ローンを借りた人がきちんと返済してくれるからです。CMBSが成り立っているのもテナントが家賃を払ってくれ、それによりモール等がきちんとローンを返済しているからです。

　新型肺炎問題で失業や一時帰休が急増、住宅ローンがいつも

どおりに返済されるか一挙に怪しくなりました。モールのテナントも賃料を払えそうにないところが続出しています。MBSやCMBSへの入金が減れば配当も減るとの見込みからこれらの価格は下落しました。

先に述べたように、モーゲージリートも商業ファンドもMBSやCMBSを担保にして融資を受けています。担保の価格が下落して担保割れになると、マージンコール（追加保証金請求）が起きます。いわゆる「追証」です。どの会社も手持ちのMBSやCMBSを売ってそれを追証に充てようとすると、「売り」が集中して価格が一段安となってしまいます。売るに売れず、追証に応じられないところが増加しているというのが3月末の状況です。

CMBS市場は崩壊してしまいました。CMBS化することを前提として不動産ビジネスに融資しようと考えていた銀行は、融資ができなくなります。

韓国のミラエ・アセットは中国の安邦保険から58億ドル（6,322億円）のホテル・ポートフォリオを買う寸前まで行っていました。しかしゴールドマン・サックスは40億ドル（4,360億円）分のCMBS組成ができずファイナンスをあきらめ、このディールは流れてしまいました。

CMBS市場の機能不全で、表面化せずに流れてしまったディールは他にもあるでしょう。

（ドル＝109円／ 2020年4月6日近辺のレート）

三井不動産リアルティ㈱発行REALTY-news Vol.59 4月 2020年 掲載

貸し別荘や郊外の大型戸建て賃貸と グロサリーが伸びる

　最近、見聞きした中で面白かった話をまとめてご紹介します。

　ニューヨーカーが新型肺炎から逃れて別荘地に避難する動きは3月の初めから始まりました。セレブの中には大型冷蔵庫を買い増しして地元のスーパーで一回100万円単位の買い物をする人も出現、品切れが続出しました。困った地元の住民は見張り番を立て、棚に並べる商品を積んだトラックが到着したら連絡網を回し、先回りして自分たちの分を買っていました。別荘は購入ではなくリース需要が増え、見ずてんで秋まで契約する人も多数いました。

　ニューヨーク郊外のグリーンウィッチ（グリニッジ）でも高級戸建て住宅のリースが伸びています。グリーンウィッチはもともとは富裕な、特に金融業界の人間に人気があった地区なのですが、都心居住の流れが強まって郊外型高級一戸建ての人気は落ちていました。しかし今回、実際に住んでみると郊外は思っていたよりも良いと富裕層に見直されています。

　食料品と日用品を扱う「グロサリー」は売上げが大きく伸びました。グロサリー最大手のクローガーはもちろん、ウォルマートやターゲットのグロサリー部門も伸び、また安さが売り物のコストコもまとめ買いで大にぎわいでした。ところがターゲットによれば、トイレットペーパーやティッシュとかパスタのような利幅の少

ないものばかりが売れ、利幅の大きいものの売上げはかえって減少していました。結果、売上げ総額は大きく伸びたのですが、スタッフの増員や清掃費の増加もあり、利益は期待していたほどは伸びませんでした。

　世界中で飛行機が飛ばなくなり、「しばらく使わない飛行機のための駐機スペース」も需要が急増しています。これらはアリゾナやニュー・メキシコ、あるいはオーストラリアのど真ん中（砂漠地帯）にあります。駐機料は3か月で3万ドル（318万円）＋諸費用で、空港に駐機させておくよりも安いのだそうです。規模がわからないのですが、多分100機とか200機以上だと想像します。着陸させたパイロットがどうやって帰ってくるのかもわかりません。

　景気の良い話としては、マンハッタンのセントラルパークの西側の地区にある新築ラグジュアリー・マンションが8戸まとめて2,700万ドル（28.6億円）で成約となりました。合計で11,000sqft（309坪）です。買い手はペルーの富豪一族で、話があって最初に実際に会ったのは昨年（2019年）暮れ、その後はバーチャルな手段で交渉が進められ、今回の成約になりました。デベは強気で、カタログ価格からの割引率はさほど大きくありません。買い手は「銀行に預けておくよりもニューヨークのマンションとしておいたほうが安全」と言っていたそうです。

（ドル＝106円／ 2020年5月7日近辺のレート）

三井不動産リアルティ㈱発行REALTY-news Vol.60　5月　2020年　掲載

実店舗型家電量販店の「ベストバイ」 はなぜ元気なのか？

　不動産会社にとってどの会社が元気かは重要です。たとえば「モールの魅力」には「テナント各店の魅力の総和」という面も大きいからです。不振なところが多い実店舗会社の中で、アメリカ最大の家電量販店「ベストバイ」が健闘しています。元気さの理由を見てみましょう。

　全米の家電業界の売上げはロックダウンの影響で前年（2019年）の65％に減少しました。ベストバイも3月に店の売り場を閉鎖しましたが、オンラインで受けた注文は店舗の外にある専用の受け渡し場所で客に渡していました（これは最近、流行の形態です）。このような状態であったのに4月の売上高は前年比でわずか6％しか減少していないのです。

　ウォルマートやターゲットの家電売り場と比べるとベストバイの価格は少しだけ高めで、さらに最大の敵、アマゾンには負けています。家電やパソコン、ゲームなどはどこで買っても同じですから、価格で負けるというのは致命的なように思えます。おまけにウォルマートやターゲットは生活必需品も販売しているのでロックダウン中も開いていました。

　ベストバイが以前から勝負をかけていたのは、なんと「ショールーム」への投資でした。同時に顧客と店員との人間的つながりが太くなるような手立てにも積極的に投資しました。

　同社の顧客サービス制度の中では「ギーク・スクワッド（PCオタク部隊）」が有名です。顧客の家に技術者が訪問して、60〜90分をかけて対面で操作等の手助けをします。製品のセットアップや修理、あるいはその家に合わせた家具や家電、器具のレイアウトや選択の相談にも応じます。店舗内で予約制のコンサルティングも実施し、ここでは実物を見ながら使い方の説明も聞けます。「ショールーム」への投資が大きく活きています。

　もちろん、これらが有効だったのは長年かけてつちかってきた「ベストバイ」というブランドがあればこそなのですが、ほかの大手小売会社にはブランド力を活かせなかったところが多数あります。シアーズ、トイザらス、フォーエバー21、ニーマン・マーカス、JCペニーなどは大変な知名度がありながら、みな破産申請に追い込まれてしまいました。

　ちなみにベストバイにとってこの度の新型肺炎はビジネス面ではチャンスになりました。家の中に閉じ込められた人々が、同社からパソコンやゲームを買ったのです。外食が減って家庭での料理が増えたために小型の調理器具も売れました。さらに同社は昨年（2019年）、フィットネス用品の販売に力を入れていたのですが、これも運動不足の解消をしたいというニーズから売れました。

　顧客とのつながりを大切にしてきたおかげで、ベストバイは逆風をチャンスにできたわけです。

三井不動産リアルティ㈱発行REALTY-news Vol.61　6月　2020年　掲載

アジアの三つの巨大新都市開発

　アジアで進められている「巨大新都市開発計画」の中の三つをご紹介します。

　まずインドネシアですが、事業費340億ドル（3.67兆円）をかけて新首都をボルネオ島に移そうとしています。現在の首都、ジャカルタは過密化と地盤沈下で根本的な問題を抱えているからです。

　「地盤沈下」は水道の未整備による地下水のくみ上げのし過ぎによるもので、最大年20cm沈下しているといわれています。これに地球温暖化による海面上昇が加わり、ジャカルタは5分の2がハリケーンで水没しかねないのです。

　中国では北京の南西約100kmの河北省雄安新区を、政府肝いりの経済特区としました。事業費は官民合わせて2兆元（30兆円）です。広さは当面約100㎢ですが将来的には約200㎢を予定しています。北京への集中抑制が目的ですが、政治や行政機能は移転させません。

　モデルとなるのは深センや上海の浦東地区です。深センは1980年に鄧小平が経済特区に指定、今は中国を代表する大都市になりました。雄安新区もそれにならおうとしています。

　サウジアラビアのネオムは若き独裁者のムハンマド皇太子が5,000億ドル（54兆円）をかけて開発するという新都市ですが、

これは彼が取り組んでいる壮大な社会・経済改革の一つでもあります。法体系からしてネオム内ではイスラム法に代えて西欧流のものが適用されるというラディカルさなのです。

　以上のような大規模新都市開発に対しては、必ず反発が起きます。

　インドネシアですが、ジャカルタで働く人間にとっては東のはずれのイリアンジャヤとか今回のボルネオというのは文化人類学者かオランウータンの研究家が行く場所というイメージです。政府の役人が移転計画に及び腰になっていて、これもその一因でしょう。

　中国の雄安新区ですが、この国には「指定はされたが何も建っていない経済特区」が数十か所あります。雄安新区にも懸念が持たれますが、今年（2020年）3月の写真ではこれを払拭するかのように工事が進んでいます。中身なり進出企業については今後の課題のようです。

　サウジアラビアのネオムも「空飛ぶタクシー」とか「人口雨」とか、夢は大きく描かれているものの、まだまだこれからです。強制移住の対象となる2万人の地元部族の反対活動が伝えられるなかで先日やっと定期便が飛んだのですが、空港はごく小さなものにすぎません。

（ドル＝108円／2020年7月7日近辺のレート）

三井不動産リアルティ㈱発行REALTY-news Vol.62　7月　2020年　掲載

アメリカ人たちが価値に気付いた 「住宅の裏庭（バックヤード）」

　アメリカの戸建ての敷地面積は典型的な物で300 〜 400坪くらいではないかと思います。これに60坪程度の建物を乗せても家の裏側にかなりの空き地ができます。「バックヤード（裏庭）」と呼ばれる部分で、フェンスで仕切られていることもあり、草や芝生の上にデッキチェアを置く家もありますが、ほとんどのアメリカ人はこの空間を意識していませんでした。何かをしようと考える対象ではない、ただの「空き地」だったのです。

　新型ウイルスにより「バックヤード」へのこの認識が一変、今年（2020年）の春先から夏の始まりごろまでの間、どう活用するかが、突然各家庭での最重要議題になりました。

　最初はテントから始まりました。バーベキューセットやファイヤーピット（焚き火台）も購入、夜はここで寝て気分はプチ・キャンプです。トイレやシャワーは家にあるので何の問題もありません。しかし夏が近づくと日差しが強烈になり、シェードを張って日陰にしてもまだ暑く、さらに「虫」が増えて「飽き」も出て、このテントブームは下火になりました。

　取り止めた夏の旅行代や中止になった子どものサマーキャンプ参加費が浮きました。このお金で、空気で膨らます滑り台やプール、トランポリン、ブランコ、シーソーなどの遊具が購入され、バックヤードに設置されました。大人向けの商品では屋外用の扇

風機や霧のスプレー、シャワー（家の中からお湯を引くことも可能）、滝の音と小鳥のさえずり声がセットになった装置などが人気でした。ポータブルな映写機とスクリーンで、屋外シアターとしゃれこむ人もいました。

　もっとお金がある人は、屋外キッチンやプール、温水露天風呂、カバナと呼ばれるあずま家を専門業者に発注しました。

　バックヤードにDIYで組み立てるホームオフィス用の書斎キットも販売されました。一番小さな80sqft（約2.2坪）タイプのキットは5,000ドル（53.5万円）で、ある人は少し大き目のキットにエアコンやPC、机等の書斎機能一式をDIYで備えつけたら、4週間かかり31,000ドル（332万円）で完成したそうです。

　ZOOMの画面に子どもや犬が入りこむというハプニングは、昔は微笑ましかったのですが今はがらりと変わっています。泣き続けた子どものためにオンライン会議に支障が出たとして、マネージャーが親に対して解雇を言い渡したケースまで出ました。したがってこんな書斎キットも必要なのかもしれません。

　造園業者は「トマトの苗を植えたいのだがどちらが上か教えてほしい」というような超初心者からの問い合わせにも対応し、クリニックでは慣れないDIYでのケガの手当が増えています。

　私見ですが、こういう話に飽きるのは時間の問題かという気がします。それはさておき、今年（2020年）はアメリカでバックヤードが熱くなったわけです。

（ドル＝107円／2020年8月13日近辺のレート）

三井不動産リアルティ㈱発行REALTY-news Vol.63　8月　2020年　掲載

大量のニューヨーカーが
ニューヨークから大脱出（エクソダス）

　マンハッタンから多くの人が引越しをしていて、旧約聖書にならい「エクソダス（大脱出）」と呼ばれています。新型コロナウイルス問題で「密」が嫌われたことや在宅・リモートワークが認められたことがきっかけです。マンハッタンの住宅は日本流に言うと1LDKや2LDKも多く、狭さには以前から不満が持たれていました。

　引越し先は大きく分けると、別荘地と郊外です。

　別荘地の代表格はハンプトンズで、これはニューヨーク市の東側の東西に長い島の奥の部分にある小さな村や集落一帯の総称です。ニューヨークからだいたい160kmなので通勤圏ではありません。中心の価格帯は100万ドル（1.06億円）程度ですが、一戸数十億円という豪邸が集まる地区もあります。ハンプトンズでの売買の過去最高額は1.37億ドル（145億円）で、賃貸の家賃では今年のハイシーズンは月40万ドル（4,240万円）という物件が数十戸ありました。

　通勤圏の郊外で最も人気が出たのはニューヨーク州のウエストチェスターです。市の北東の方向へ電車で50分程度、日本人駐在員が多く住み、慶應義塾ニューヨーク学院があります。7月の住宅の売買件数は前年の2.12倍となりました。

　ニューヨーク州に隣接するニュージャージー州やコネティカッ

ト州等にある郊外部も大人気です。郊外部全体でみると売買件数は44%増加なのですが、場所によっては売り物件に買いオファーが20件以上集まるという、少々異常な状態も起きています。

皆が求めているのは、マンハッタンでは無理だった「子どもが遊ぶ庭」や「リモートワークをする部屋」、すなわち「広さ」です。脱出した人は高所得者、イコール高額納税者が多く、ニューヨーク市は税収減で財政難に陥るのではとの心配が出ています。

マンハッタンでは7月の売買件数は前年より56%減となり、価格面では特にラグジュアリーな物件が下落しました。ただし、これらが下落を始めたのは2年前からです。

一方、一般向けの物件はあまり価格下落をしていません。低金利で購入意欲が強いことと、所有者の都心居住への未練が強くて値下げしてまでは売ろうとしないのです。屋外スペースが持てるテラス付きが前年比で5.4%上昇しています。テラス無しでは1.1%下落です。

サンフランシスコも住宅価格が非常に高い都市ですが、中心部からのエクソダスが起きています。しかし、ここでは「この際、生活や人生の本拠を郊外に移そう」という人が多く、ニューヨーカー達の都心居住への未練というメンタリティとは少し異なっています。

（ドル＝106円／ 2020年9月7日近辺のレート）

三井不動産リアルティ㈱発行REALTY-news Vol.64　9月　2020年　掲載

売上げ不振で
「コンバージョン」される
小売用建物

　「コンバージョン」というのは、建物の用途変更を伴う大改装です。代表例はマンハッタンの超名門ホテルのウォルドルフ・アストリアで、以前は1,413室だったホテルを375室に縮小し、残りの約1,000室は何室かずつを連結してラグジュアリー分譲マンション・375戸とする工事が進んでいます。これは「ホテルからマンションへ」のコンバージョンです。

　今、注目されているのは小売用の建物を他の用途にコンバージョンするケースです。

　不調に陥ったモールの大型デパートの退店跡にコールセンター等のオフィスが入居する例は数年前から各所で見られましたし、ジムや医療モール、レストランが集まるコーナーを加える、あるいは駐車場にホテルやマンションを追加で建てるという例もありました。

　しかし先日、アマゾンが発表したサイモン・プロパティの各所のモール内の大型空室に「物流センター」を設置するという話は、従前のパターンとは異質です。これは「小売用建物から物流施設へ」の本格的なコンバージョンであり、新しいフェーズなのです。

　モールなり小売店にとっての最大の「敵」はオンライン通販ですが、両者がモールの中に同居することになります。これは小売店側にも意外なメリットがあるかもしれません。

　というのもアマゾンには「物流会社」という面があるからです。同社は配達サービスの充実に執拗にこだわり続け、今は「店まで買いに出かけるよりもアマゾンで買ったほうが早く着く」ことを目指しているといわれています。モールの中にアマゾンの物流センターがあれば、モール内の小売店群はこの物流能力に簡単に相乗りできる可能性があるわけです。

　アマゾンはニューヨークの五番街にある百貨店、ロード&テイラーの旗艦店を買い、オフィスにします。ロード&テイラーはアメリカ最古の百貨店で旗艦店は歴史を刻んだ趣のあるビルですが、これが「小売用建物からオフィスへ」とコンバージョンされます。

　ちなみにアメリカでは中小規模の教会もよく住宅にコンバージョンされます。信者の減少で修理費が足りないためです。外観や内部の空間の作りが一般の住宅と違うので独特な味わいがあり、さらに何といっても「教会に住むことができる」のでこれらを好む人がいます。

　諸外国では新築のための建築許可の取得は大変です。行政との交渉や近隣住民の反対運動等、何が起こるかわかりません。その点、コンバージョンでは外観の変更なく、手続きがかなり簡素化され建築コストも新築より3割程度安いようです。日本では耐震性や容積、設計事務所の機能の違い等の問題がありそうですが、「慣れ」が最大の障害のように思います。

　海外からは「日本人はすぐ壊す」と不思議がられます。近年、取り壊しを批判的にいわれた建物としては赤坂プリンスホテルやホテルオークラ、日本興業銀行本店などがあります。

三井不動産リアルティ㈱発行REALTY-news Vol.65 10月　2020年　掲載

Airbnb: 新型ウイルスへの
機敏な対応が大成功

世界最大の民泊仲介会社のAirbnbはホテル等と同様、当初は新型ウイルスの直撃を受けたのですが、その後胸のすくような大逆転をしました。この経緯から見てみたいと思います。

そもそも同社には新型ウイルス以前からいろいろ問題がありました。赤字の拡大やカナダでの「パーティハウス」での銃乱射により5人が死傷するといった問題、さらには都市によっては賃貸住宅の家賃の上昇を引き起こし、各地で市役所と対立していました。

これらの問題に新型ウイルスが強烈な追い討ちをかけたわけです。3月には利用客が激減しキャンセル料の一部をAirbnbが負担、4月には不利な条件で資金調達、5月には25%の人員削減を実施し、もしかするとAirbnbは危ないのではという話まで出るほどでした。

ところがこのとき、Airbnbはすでに気がついていました。「自宅からさほど遠くない所で宿泊する人」が増えているという現象で、これは後に「ステイケーション」と呼ばれる旅行のスタイルです。

Airbnbはただちにプログラムを改変し、「おすすめ」として検索者の自宅から200〜300マイル（約320〜480km）以内の「近場の候補」が画面の一番目立つ場所に表示されるようにしたので

す。

　この変更が絶大な効果を呼びました。さらにホテルだと他人との接触での感染の可能性がありますが、Airbnbならその心配がありません。こうしてステイケーション需要を取り込み、予約数は5月が前年比70%ダウンだったのに6月には30%ダウンまで急回復、8月は同社のブッキングの半分以上が自宅から300マイル以内という状態になりました。

　この劇的な回復で、棚上げにされていた大型IPO計画が復活、年内に実施しそうです。同社には「ストックオプションの行使期限」という特別な事情もあります。創業の初期のスタッフの行使期限が年内なので、これに間に合えば彼らには大きく報いることができます。

　Airbnbはストックオプションをスタッフに盛大に付与し続けてきました。IPOに至ればこれらは莫大な個人資産になるので、スタッフの本気度も違っていたはずです。今回の危機対応やIPOへの準備の素早さは、このおかげという面があるのかもしれません。

　（11月16日追記：Airbnbの上場準備が大詰めだが、日程等はまだ発表されていない。一説によれば大統領選が落ち着くのを待っているとのことだ。上場規模は300億ドル（3.2兆円）を超す、アメリカで今年（2020年）最大のIPOとなる見込みである）

（ドル＝106円／2020年11月16日のレート）

三井不動産リアルティ㈱発行REALTY-news Vol.66 11月　2020年　掲載

アメリカの不動産検索サイトのジローが、予期せぬ形で使われている

まずは不動産の話から入りますが、途中からは「気晴らし」としてお読みください。

アメリカの不動産検索サイト最大手はジローです（ニューヨークでだけ例外的に『ストリートイージー』という名称で営業をしています）。

ジローのサイトへの訪問者（ビジター）は物件を探している人＝潜在的な購入者のはずで、この人数の増減は市場の先行指標の一つとして参考にされていました。

新型コロナでこれがどうなったかをニューヨークの場合で見てみましょう。

同市は３月22日からロックダウンされ、ジローへの３月中旬のビジター数は前年比で30％の急減をしたのですが、４月第２週ではもう８％減少にまで回復しました。その後もビジター数は増加し続け、前年比で20 ～ 30％増となっています。

しかし増加したビジターの多くが、不動産購入のための検索とはまったく異なる予想外の使い方をしていました。

たとえば買うつもりなど全然ない遠方の家についてジローから詳細な情報を得て、それに周辺の施設等の情報を重ねて「違う人生」を想像して楽しむのです。インスタグラムで目星をつけた家をグーグルのストリートビューで特定し、ジローで楽しむ人もいます。

　中高生たちは友人の家に集まってみんなで騒ごうというときに、事前にその家のトイレの場所をチェックしています。

　ある弁護士は一日の仕事を始める際にまずジローをチェックすることを日課とし、別の主婦はジローの価格算定システムに自宅とご近所さんのデータを定期的に入力、その評価額の上下に一喜一憂しています。

　ジローには「物件ごとにコメントを書き込む欄を作ってほしい」という要望が多く寄せられています。物件のサイトを見た意見や気ままな空想をある人が書き込んだら、別の人間のコメントが連鎖していくことで、みんなで楽しむことができるようにしてほしいという要望です。しかしこれではジローのサイトがツイッターもどきのSNS化しかねません。

　以上のような話は不動産業界には無関係なように思えますが、大変なプラスになりうるかもしれないという見方が出てきました。これをきっかけに「家を買うことなど意識もしていなかった人」も住宅市場に参加するようになるのでは、との期待です。

三井不動産リアルティ㈱発行REALTY-news Vol.67 12月　2020年　掲載

CHAPTER 7

東京でオリンピック・パラリンピック開催

2021年1月→12月

遠距離リモートワーカーたちに仕事は来るか？

「リモートワーク」には「在宅勤務」や「サテライトオフィスでの勤務」も含まれますが、以下は「遠隔地に住んでオフィスには出向かない」という仕事のスタイルに限った話です。

サンフランシスコから3時間のリゾート地、タホ湖周辺では以前から少数のIT関係者が住み、今で言うリモートワークをしていました。彼らのライフスタイルが羨ましがられていたのですが、今回の新型コロナを機に自分もぜひという人たちがどっと押し寄せています。

ニューヨークの周辺でリモートワーカーたちが多く集っているのは東のハンプトンズや北東のコネティカット州の郊外の町の他にもいくつかあり、これらは「Zoomタウン」と呼ばれています。フロリダ州は高齢者が引退して住むところとして定番ですが、今、急増しているのは、子連れの若い夫婦と節税のために税務上の居住地だけを移転するウルトラリッチの転入です。前者にはリモートワーカーが含まれています。

カリブ海のビーチが美しい国、バルバドスはリモートワーカーの誘致に積極的で、1年間有効の特別なビザを新設しました。年収5万ドル（520万円）以上等が条件です。同国以外でもリモートワーカー的な働き方を優遇するビザがある国は世界に約10か国あります。

　アメリカにはリモートワークで田舎に住み生計費が安くなるなら、そのぶん給料を下げてもよいだろうとの議論があります。IT不動産のレッドフィンは全米を三つに分け、最も生計費が安い地域ではニューヨークやサンフランシスコより給料を20%下げるとしました。

　議論を大上段に構えれば、もともと「IT革命」「知的労働革命」といった変化が徐々に進んでいたところ、新型コロナでこの変化が一挙に浮き彫りになったということになります。

　このような革命の進行速度ですが、「電力革命」は電力利用のめどが立ってから工場が「電力用」に代わるまで数十年かかりました。水力や蒸気のための設備といったレガシーの取り壊しが躊躇されたためです。この間、電力技術者には仕事はありません。

　リモートワーカーたちも今こなしている仕事が終わった後はどうなるかわかりません。「革命」に早く乗りすぎると、上記の電力技術者と同様なはめになりかねないのです。「毎日サーフィンしている人間に仕事なんか出せるか」というのは日本ではまだ、自然な心情です。

　興味深いのはインドで起きている状況で、多くの女性が大家族のなか、自宅で育児や家事をしながら欧米企業のバックオフィス業務を行っています。「レガシー」が少ないぶん、あっという間にインドはリモートワーク社会を実現するかもしれませんし、さらには日本のリモートワーカーの仕事をインターネット経由で格安な料金で奪ってしまうかもしれません。

（ドル＝104円／ 2021年1月8日近辺のレート）

三井不動産リアルティ㈱発行REALTY-news Vol.68　1月　2021年　掲載

イギリスの住宅価格の
今後が注目を集める

　不動産を登記する時に支払う手数料（税金）は、国際的には一般に「スタンプ税」と呼ばれています。日本の登録免許税なり印紙税と似ていますが、大きく違う点があります。

　多くの国で税額が日本よりかなり大きい点が違います。また住宅市場への介入のために政策的・機動的に用いられる点も違います。たとえば住宅価格が急騰気味のときに税率を倍にしたり、外国人による購入について税率を高くしたりします。市場に即効的に効く政策手段です。

　イギリスでは昨年（2020年）春から始まった新型コロナが今も猛威をふるっています。同国でもスタンプ税は高額で、ロンドンでは一般の住宅でも200 〜 300万円でした。しかし昨年（2020年）の7月からこのスタンプ税に大胆な政策が取られました。

　2021年の3月末までのクロージングについてスタンプ税を非課税としたのです。非課税限度はありますが、一般の住宅の価格帯ならほぼこの範囲内です。政府は新型コロナによる景気の急落に対して、住宅市場をストッパーとして使うことにしたのです。

　これも市場に非常によく効きました。イギリス全体の住宅価格は昨年（2020年）11月時点で前年比7.6%上昇し、景気が後退する中で、住宅価格は上昇したのです。ただしロンドンだけは状況が複雑で、広い家が求められて郊外部は好調だったのですが、

中心部、特に高額物件は不調でした。ところが最高級住宅地の
ケンジントン、チェルシー等の非常に高額な物件は大きく値上が
りした取引が起きています。ロンドンの市場は現在、かなり緻密
に見る必要があります。

　しかし昨年（2020年）12月にはイギリス全体で住宅取引が軟
化を始めています。「今年（2021年）3月末までのクロージング」
から逆算がされ、取引の山場はもう過ぎたのかもしれません。

　今後、どうなるかですが、3月末のスタンプ税の時限的非課税
の終了と同時に一次取得者向けの住宅購入支援制度も縮小され
る事が以前から決まっており、これらは市場にはダブルパンチで
す。新型コロナとブレグジットもマイナス要因です。住宅ローン金
利はこれ以上下がる余地は少なく、むしろ上昇見込みです。

　これらからは住宅市場の下落が予想されることになりそうです
が、全く別の見方をする人もいます。新型コロナ対策の必要から、
イギリスを含めて世界の中央銀行はマネー・サプライを非常に増
やしましたので、インフレが発生すると見込んでいる人がいるの
です。その場合、不動産はインフレヘッジに向くので、住宅価格
は上昇するという予想です。

　こちらの予想が当たれば、イギリスの住宅市場は4月以降にい
ったん小幅な落ち込みをした後に、上昇することになりそうです。

三井不動産リアルティ㈱発行REALTY-news Vol.69 2月 2021年 掲載

マンハッタンでの新規の住宅賃貸件数、1月は去年（2020年）の倍に

　アメリカでワクチン接種が1月にシニアにも開始され、さっそくホテルやクルーズ船の予約をしている元気なシニアたちが登場しています。ホテル等は新型コロナで客が来ず大幅にディスカウントされた料金が設定されているうえ、ワクチン接種が広がる前の今ならまだどこでもすいています。これは「早起き鳥スペシャル（早朝割引）」と呼ばれています。

　住宅のほうでは、マンハッタンの新規の賃貸契約件数が急増しました。1月は前年比で94％増ですからほぼ倍です。というのも家賃が前年比で10数％から20％と大きく下落しているうえ、フリーレントが2か月というのも珍しくなく、「借りるなら今だ」というわけです。

　「野心を持つ若者はニューヨークへ来る絶好のチャンスだ」と言う人もいます。「キャリアの形成段階」にある若者にはニューヨークが最高だという主張です。

　「キャリア形成」というのはたとえば「ビルのプロ」になろうとするなら、「許認可」「建設」「リーシング」「管理」といった各分野の仕事を自分で能動的に選択して広く専門的な経験を積み、最終的にはビル会社のトップになることを目指します。

　今、問題となっているのは「アプレンティス（見習い）」や「ニューカマー（新入社員）」の教育です。彼らは「キャリア形成」の入

り口にいるわけですが、在宅勤務ではどうも指導や教育がうまく進みません。どう解決するのかまだ見えていない課題です。

　アメリカでは在宅勤務的な働き方は新型コロナ以前から若干ながらありました。金融業界の経営層や管理職に多く、彼らの働き方は羨ましく思われていました。

　今回、在宅勤務がブームになった背景の一つはこの「羨ましさ」でしょう。マンハッタンから郊外に引っ越した人間は、当初は大きな家と庭で遊ぶ子どもたちの姿に喜んでいました。ところがやがて「郊外のほうが騒音がうるさい」ことに気がつきます。専門業者は大型の芝刈り機や落ち葉の吸い込み機を使うために非常に音が大きく、近所で一日中うなっているのです。まともなレストランもなく、ましてやシアターやミュージアムもありません。だんだんマンハッタンが懐かしくなります。

　さらにビジネスでも問題が表面化しています。金融マンが在宅勤務でマネーロンダリングや市場操作をする例が発覚しました。またネットでは個人へのフィッシング詐欺やなりすまし、アカウントの乗っ取り等が横行していますが、ビジネスへの波及が懸念されます。

　これらは在宅勤務を否定するものではありません。これだけ多くの人間が「在宅勤務の味」をしめると、世の中は変わるでしょう。一例としては、3月から郊外部からマンハッタンへの通勤用の相乗りヘリコプターが就航します。片道175ドル（約1.9万円）です。

（ドル＝110円／ 2021年3月のレート）

アメリカのレストランの
急回復が数字でも現れた

　ワクチン接種の広まりで「アメリカ人がとうとう外食を再開した」という朗報が先日ありました。オリーブ・ガーデンは900店を展開するイタリア料理のチェーン店です。その親会社の四半期決算が先日発表され、12〜2月期の売上げは前年比でかなりのマイナスだったのですが、3月21日までの1週間の売上げは2年前と比べても5.7％増加でした。アメリカのレストラン業は近々急回復するだろうとの見込みの裏付けが、数字でも出てきたわけです。

　レストランは新型コロナから最もひどい打撃を受けたビジネスです。2020年に閉店となったレストランとバーは新型コロナの影響もあって9.1万軒に達し、その9割は小規模・家族経営です。アメリカではそもそも小規模経営の店が3分の2強だという事情もあります。

　これを反対に見れば今は、有利な条件での店舗取得のための「めったにないチャンスだ」とも言え、資金力のある大手の中には規模拡大に入っているところがあります。

　昨年（2020年）春先のレストランの「店内営業禁止」にニューヨーカーたちは我慢できず、店の前にテーブルを並べての屋外営業なら良いとしたのですが、やがて秋になると寒くてテントが持ち出されました。2人用のテントはエスキモーが使うような小さ

さで、一方で大きな物は教室大もありこれではテントの中で感染してしまいそうでした。そのうち屋内営業が制限付きで許されキャパの25%までとなったり50%に変更されたりし、そのたびにテーブルの並べ替えや食材の仕入れ、スタッフの確保で大わらわとなりました。

このような中で増加したのが「ゴースト・キッチン」という「出前」に特化したレストランです。「レストラン」とは呼ばれていますが、客用のテーブルはありません。多いパターンは家主や投資家が築年の古いビルの家賃の安いフロアでプロ仕様のキッチンを数セット（数部屋）設けます。これをシェフなり経営者が賃借、出前専門の店を開業してインターネットやチラシで宣伝、できた料理はウーバーイーツ他の宅配業者が届けます。キッチン一つで営業しているゴースト・キッチンも、キッチン数セットを借りているところもあります。

営業側としては初期コストが圧倒的に安く、通常のレストランの数十分の1以下です。20以上のブランドで営業しているところもあるのですが、これにはゴースト・キッチンで儲けるという本来の狙いと、どのようなメニューが売れるかということを試そうという狙いがあります。ゆくゆくは好評なメニューを選んで路面店で勝負しようという野心です。

ホテルも多くが閉鎖されましたが、これらのキッチンはもろにプロ仕様そのものです。ホテルがこれをゴースト・キッチンとして貸し出している例もあります。

三井不動産リアルティ㈱発行REALTY-news Vol.71 4月-1 2021年 掲載

フロリダに移住した富裕層は、何年もつか

　新型コロナでマンハッタンから逃げ出した人がどこへ向かっていたかが、携帯電話のデータにより分析されました。フロリダ州へ逃げたというケースはよく話題になり、大変目立ちましたが、実際には同州のマイアミとパームビーチの合計で4.4%に留まりました。

　最も移住先として多かったのは、マンハッタンのごく近傍の地区5か所で、合計37%に上りました。東京で言うと「山手線の内側に住んでいた人たちが、世田谷区から厚木市辺りへ移った」という距離感です。もっと遠くという中では別荘地ハンプトンズがあるサフォーク郡の14.6%が最も多く、これは「東京から軽井沢へ」という感じです。

　ニューヨークからフロリダに向かった人間が実際の比率以上に目立ったのは、富裕層・高額所得者が多かったからです。最大都市のマイアミよりは、数十億円という超豪邸の売買が日常茶飯で発生したパームビーチのほうが耳目を引きました。

　パームビーチはマイアミの北約100kmにあり、定住人口は1万人なのですがシーズンになるとこれが3倍に膨らみます。トランプ前大統領の別荘マー・ア・ラゴがあり、直近では著名経営者のラリー・エリソン氏が8,000万ドル（88億円）の豪邸を買っています。

　ニューヨークの富裕層がフロリダを好む理由は、冬でも暖かいことと、州の所得税がないことで、後者は仮に年収を2,000万円とすると、税金が200万円ほど安くなります。避寒のときにだけ来る「スノーバード」たちが、今後は定住してお金をたくさん落としてくれそうだと期待されたわけです。

　ところが引っ越し会社や郵便局への転送届のデータによると話が少々違います。昨年（2020年）のフロリダ州への転入者数と転出者数はほぼ同じで、さらに転出者には中所得者が多いという傾向が見られます。フロリダのどこが住みづらくて出ていくのでしょうか。

　まず夏の暑さですが、「酷暑」の度が過ぎます。ハリケーンも並ではありません。2017年にフロリダを直撃したカテゴリー5の「イルマ」は最大風速が81ｍで、土台ごと吹き飛ばされた住宅までありました。物価等は安いのですが給料も安い中で住宅費は高騰しました。

　高級レストランやセレブ向けの高級品を売っている店もありますが、富裕層にとってはチョイスがありません。ゴルフもビーチも「毎日、それしかない」という状態だと飽きるでしょう。ミュージアムやシアターもない、いわば文化不毛な地なのです。

　今回、「移住」した人間の多くは、ニューヨークにも住宅を持ち続けています。地元の不動産業者の中には「彼らのフロリダ暮らしはもって5年だろう」と見る人もいます。

（ドル＝110円／2021年4月7日近辺のレート）

三井不動産リアルティ㈱発行REALTY-news Vol.72　4月-2　2021年　掲載

スーパー豪邸は明らかに値上がり率が大きいのだが、数字で捉えられない

　アメリカの、一戸数十億円という「スーパー豪邸」が近年、大きく値上がりしていることは明らかなのですが、統計的に意味がある数字としてはうまく把握できません。サンプルの絶対数が少ないうえに、個別性、特殊性が高すぎるからです。

　その個別性、特殊性というのは、たとえば「床面積が1,750坪で、フルバス（トイレ＋浴槽）が38か所もある」「プロによる料理ショーを楽しむためのものも含めキッチンが4か所ある」「東京都と同じ広さの大牧場とその母屋」といった具合で、このようなものは統計には馴染みません。

　「5億ドル（545億円）」として売りに出ていた物件がとうとう売れず、「1.1億ドル（120億円）」の借金のカタにとられたという騒ぎが3月に起きました。いくらに値付けしていれば売れていたのか、誤差は1億ドル（109億円）単位でしょう。これも統計では処理できません。

　アメリカ人が好きな住宅価格の上昇率の測り方に「リピーティッド・セールス法」というものがあります。以前、売買された物件が再び売買された際に（リピーティッド・セールス）、前回はいくらだったが今回はいくらなので「年何％の上昇だ」と計算します。単純きわまりない計算方法ですが、日本と違って中古住宅に経年減価がないのでこれで良いわけです。

　一般の住宅とは違ってスーパー豪邸でこのような計算方法が適用できるケースはあまり多くないのですが、最近1件発生しました。今年（2021年）4月に4,700万ドル（51.2億円）で成約したビバリーヒルズのスーパー豪邸の売主がこの物件を買ったのは2019年の5月で、その時の価格が4,250万ドル（46.3億円）だったのです。23か月間で10.6%の値上がりです。

　ニューヨークでは、豪邸と評価される「タウンハウス」も明らかに大きな値上がりをしていますが、取引件数が少なく、率が計算できません。これらのタウンハウス・スーパー豪邸は、5～6階建ての重厚な石造りで横幅が広く、各住戸は1階（地下）から最上階までが縦方向に伸び、道路に面した玄関と小さな庭がある「連棟式テラスハウス」の一種で、立地が非常に重要視されます。築年は驚くほど古く、去年（2020年）の3月に2,500万ドル（27.3億円）で出た物件は1830年代（天保年間）の築、今年（2021年）の3月に6,000万ドル（65.4億円）で成約した物件は1880年代（明治10年代）の築です。これらの価格は明らかに上昇しているのです。

　もっともニューヨークにはそこまでではないランクのもっと安い（一般の住宅よりは高い）タウンハウスもあり、それらもこの1年間で値上がりしました。タウンハウス人気の最大の理由は、「広い上に都心に近い」ことです。自宅での「オフィス」や「仕事部屋」のニーズが増え、「子ども部屋」を準備しておきたい、親や親せき、あるいは知人などの「来客を泊める部屋」が欲しい、といった欲求が、新型コロナでまとまって吹き出した感があります。

（ドル＝109円／2021年5月6日近辺のレート）

三井不動産リアルティ㈱発行REALTY-news Vol.73　5月　2021年　掲載

ITを用いた住宅の「フリッピング（買取り転売・iBuying）」

　住宅を買って短期で転売し利ザヤを狙うことを「フリッピング」と言い、アメリカでは中古の一戸建て住宅でよく見られます。フリッピングは2000年代前半の住宅ブームのときにも多発しましたが、このときの主役はサブプライムローンを利用した個人投資家でした。

　今は個人投資家よりも企業によるもののほうが目立ちます。その中でITの活用に長けた、いわゆる「不動産テック（IT不動産会社）」が行っているフリッピングをご紹介します。

　一種のはやり言葉に、「iBuying（アイ・バイイング）」があります。不動産売買手続きはアメリカでも「紙の書類」のかたまりですが、部分・部分のIT化が進みました。それらをつないでクリック一つで売買手続きが完了するようにソフトを組んだ不動産テックたちが登場、このような不動産（住宅）の購入の仕方が「iBuying」と呼ばれています。

　一方で物件情報のオンライン化が格段に進み、価格査定の精度も高くなりました。アメリカの中古一戸建て住宅は郊外の広大な造成地内に建つ画一的なものが多く、アルゴリズムで高い精度の査定価格が得られます。日本の中古の一戸建ての多様さと事情が異なります。

　不動産テック各社は「市場に割安に出た物件」をただちに捉え

て買い、多少の修繕や手直しをしてから売却（フリッピング）します。中には「買いから売りまで」をすべてコンピュータに自動的にさせようと試みている、横着な不動産テックもあるようです。

　iBuyingによるフリッピングの大手にはジローやオープンドア、オファーパッドがあります。しかしフリッピング事業で安定的に利益をあげている不動産テックはまだありません。

　最近、iBuyingにより購入された物件のフリッピング先に「戸建て住宅レンタル」と呼ばれる機関投資家があることがわかりました。戸建て住宅レンタル各社は大変な数の住宅を保有・賃貸しているのと同時に、常時、市場から仕入れています。しかし両者のような組み合わせは問題だとの声があります。

　めぼしい新規の売り物件がジローのサイトに入ったときに、一般公開される前にジローがiBuyingで先回りして買い、それをフリッピングして戸建て住宅レンタルの会社に売っているわけです。ジローとしては直売ですので仲介手数料が不要になりますが、これでは一般の購入希望者は物件情報に触れることすらもできません。

　今のところ、不動産テックと戸建て住宅レンタルが結びついてフリッピングされた例は、まだ多くありません。「iBuyingで先回りして購入して転売する」というのは、株式市場で大型コンピュータを用いて行われている「高速取引」とそっくりな面があります。

三井不動産リアルティ㈱発行REALTY-news Vol.74　6月　2021年　掲載

イギリスの王室が保有する
不動産システムを改革する機運

エリザベス女王を始めとするイギリスの王室は資産家としても有名です。特に不動産関係は資料が開示されているためによく話題になり、その評価額の総額は141億ポンド（2.7兆円）だそうです。特に有名なのはロンドンのリージェント・ストリートで、イギリス王室は世界でも有数のこの高級商店街を丸ごと全部、所有・賃貸しています。他にも多数のショッピングセンターを持ち、さらに農地や牧草地、森林他も所有しています。

よくわけがわからない資産が「シーベッド」で、イギリスのほぼ全体をぐるっと回した海岸の波打ち際から22km沖までを指し、この部分は王室が所有する資産となっているのです。

これらのいろいろな不動産のすべてを管理する専門の会社が「クラウン・エステート」です。同社が巨額の賃貸収入等から維持管理費を差し引き、いったん財務省に納入します。財務省はこれらを中心に日本の宮廷費と似た「ソブリン・グラント」を支給する形をとっています。

このように政府を迂回して「宮廷費」を渡す仕組みとなったのは1760年で、日本の江戸時代中期です。その後、改正は何回か行われていますが、基本的な形は変わっていません。

しかしさすがに260年も経過すると時代にそぐわない部分も出ていて、今後10年計画くらいで抜本改革しようという機運が生じ

ています。

　たとえば先ほどの「シーベッド」ですが、以前は不動産としてはどうでもよかったのだと思います。ところが昨今の洋上風力発電所の広まりで、シーベッドが巨額の収益を生み出す可能性がある状態になりました。クラウン・エステートは今年（2021年）、洋上風力発電所の建設権をオークションに出し、今後10年で90億ポンド（1.4兆円）の収入を受け取る見込みです。

　現行制度ですと、イギリス全体の洋上風力発電所の候補地がすべて王室の権益になってしまうわけです。いくらなんでもこれはまずいでしょう。

　また、稼ぎ頭の商業ビル群があまりに老朽化、陳腐化してしまいました。このままでは競合物件に負けてテナントが引っ越ししかねません。

　王室が持つ宮殿や城としてはバッキンガム宮殿、ケンジントン宮殿、ウィンザー城等が有名ですが、その他にも大小のこの手の建物を多数所有しています。こんな巨大で大昔の石造りの建物は冷暖房費や電気代だけでも気が遠くなります。エリザベス女王は照明の消し忘れにうるさいそうですが、その心境は理解できます。

　改革が必要だとの認識がされてはいるものの、まだ具体的な方向性は明らかにされていません。

（ポンド＝153円／ 2021年7月6日近辺のレート）

三井不動産リアルティ㈱発行REALTY-news Vol.75　7月　2021年　掲載

ディズニーランド・パリが担った
近郊の都市開発の核としての役割

　ディズニーランド・パリが新型コロナによる休園を終えて、6月17日に再オープンしました。「家族がいる自宅へ戻ったようだ」と表現するメディアがあり、驚きました。このテーマパークについてはフランス人からは長い間、悪口しか聞こえなかったからです。

　世界各地のディズニーランドは巨大都市開発の一部という面を持つものがあります。

　日本のディズニーランドもきっかけは「京葉工業地帯」です。昔の千葉県には埋め立て工事に必要な資金がありませんでした。民間会社が費用を立て替えて埋め立てをし、完成した土地を県から払い下げを受けて未収金を相殺、こうして得た土地は工場用地として外部へ売却、やっと現金の回収ができたわけです。「京葉工業地帯」はこの繰り返しで完成しました。

　しかし浦安地区を埋め立てるころには千葉県は、「工場はもういい。遊園地とするなら認める」としました。当時のオリエンタルランドは銀行への信用力がなく、最終的には三井不動産がピーク時で1,600億円超にも達する超巨額の債務保証を行いました。東京ディズニーランドは財務的にはこの債務保証により得た資金のおかげで実現しました。

　ディズニーランド・パリにも都市開発という面があります。ナポレオン三世による都市改造から時代が過ぎ、パリ市は過密分散

のために近郊5地域を衛星都市に指定しました。ディズニーランド・パリはその中の一つの核となる巨大事業の位置づけでした。

　フランスはスペインとの激しい誘致合戦には勝ったわけですが、苦難は1992年のオープンごろから激しくなります。「レストランでワインを出さないのはフランス文化への挑戦」「ミッキーマウスとは所詮は『ネズミ』」「シンデレラや白雪姫はヨーロッパ起源の話でそれをアメリカ人が焼き直したものをわざわざ見る意味はない」と、散々な言われ方をしていました。

　ディズニーへの反発はさらに過激化し、鉄塔に仕掛けられた爆弾でホテル群が一時停電、農民たちはトラクターを繰り出して道を封鎖しました。客足は非常に悪く、開業の2年後には「閉鎖もありうる」とされました。1995年に親会社のディズニーへの上納金を大幅に減らして初の黒字となったのですが、2014年には親会社から10億ユーロ（1,300億円）の巨額救済、2017年には親会社が持ち株会社の株式を97％に買い増すという多難さでした。

　しかし、新型コロナを経て再オープンすると、あのフランス人が「家族がいる自宅へ戻ったようだ」と感じているのです。

　オープンから29年、ミッキーやミニーたちのファンはヨーロッパの全域に広まっていました。「アナと雪の女王」や「スター・ウォーズ」のエリアも予定され、スペース・マウンテンにはフランスの作家、ジュール・ヴェルヌの小説のモチーフが取り入れられています。ディズニーの世界観には普遍的なものがあるように思えてしかたがありません。

（ユーロ＝130円／ 2021年7月30日近辺のレート）

三井不動産リアルティ㈱発行REALTY-news Vol.76　8月　2021年　掲載

アメリカ人も発見しつつある
「ハワイ」の不動産の魅力

　日本人にとってハワイは「最も身近なアメリカ」ですが、大部分のアメリカ人にとってのハワイは「ポリネシアへのエキゾチックな入り口」です。しかしアメリカ人が持つそのようなイメージが近年変わり始めています。動きは西海岸から始まっていました。

　その前に「ハワイと不動産」の話をまとめます。それぞれ慣習が異なる1,000を超す小さな部族があり、その上にカメハメハ王朝が成立、その後アメリカが支配、サトウキビのプランテーションが大きく発達しました。ハワイの不動産の諸制度には各時代の名残が今も色濃く残っていて、本土とは異質な部分があります。

　日本の会社もリゾートホテル開発の際に地元の部族から思わぬ主張をされたり、ある邦銀が抵当権をつけたつもりの土地が、登記的には存在するが物理的には存在しなかった等、ワイルドな話があります。ハワイでの不動産投資の際にこの手のリスクを避ける最善の方法は、「信用できる会社から各種法令に適合した建物を土地付きで買う」ことでしょう。

　本土のアメリカ人のハワイに対する見方が変わったと私が気付いたのは、2014年です。フェイスブックの若き大富豪・ザッカーバーグ氏がカウアイ島で700エーカー（86万坪）を推定1億ドル（110億円）で買いました。しかしその後、この土地はトラブルに見舞われます。彼の弁護士がハワイ州の不動産の特殊性を十分

に認識していなかったため、「小道の通行権」の問題で数百人の地元民を当事者とする８件の訴訟を起こすはめになっています。

　マイクロソフトの故ポール・アレン氏やセールスフォースのベニオフ氏がハワイ島で不動産を購入、デルのデル氏やペイパルの創業者などを始めとするカリフォルニアの大小のIT長者も次々に購入していきました。ハワイはカリフォルニアからそう遠くはないのです。別荘やセカンドホームの購入層が以前の俳優やミュージシャンから、IT長者に変わりました。

　数億円、数十億円といった超高額物件を買う層に人気の島は、カウアイ島です。ホテルはマリオットの最高級ブランドであるセントレジスもあることにはありますが、基本的には何もない島です。カウアイ島での別荘暮らしとなると、シェフやメイドを雇い、ヨットは丸ごとで借りて…というような話になるはずです。

　ハワイ州での新型コロナの影響を見てみたいと思います。全米で最も厳しいとされる規制を敷いて抑え込みを図り、国外やアメリカからはもちろん、ハワイの島と島の往来についても検疫を強制、ある時期は旅行客が100％いなくなるという徹底ぶりでした。

　その後、規制を緩和した時期と、「アメリカでの不動産ブーム＋ハワイでのリモートワークへの憧れ」という動きで、2021年の春から夏にかけて別荘需要が大変な賑わいとなりました。

　デルタ株の脅威はまだ深刻化していませんが、拡大への警戒感は出ています。しかしアメリカ人の間で高まったハワイ人気は、今後も長続きするのではないでしょうか。

（ドル＝110円／ 2021年9月1日近辺のレート）

三井不動産リアルティ㈱発行REALTY-news Vol.77　9月　2021年　掲載

「オール・インクルーシブ・リゾート」に 高級ホテル会社が進出

「オール・インクルーシブ」とは「すべて込みこみ」という意味で、リゾートホテルの宿泊料に最低でも「3回の食事+ドリンク飲み放題」が含まれています。滞在型ホテルの一種で世界に約1,500か所あるとされ、クラブ・メッド（地中海クラブ）がそのパイオニアです。

宿泊料はピンキリで、各施設で利用可能なものに何が含まれるかもまったく異なっています。たとえばプール、ビーチでの遊び、スパ、バスケやビーチボール、ジムやヨガ、ショー、保育スタッフ、ゴルフコース、スキー場、周辺のミニツアー等が代表的です。ある施設では「宿泊料に含まれる」として60弱の項目をリストアップしていました。

カリブ海には「オール・インクルーシブ・リゾート」が特に多く集中していて、アメリカ人ファミリーの旅行先として定番です。この地域には低料金のものが多く、それがたたって「チープ」というイメージがあります。

しかしそのカリブ海で今、「ラグジュアリーなオール・インクルーシブ」というタイプのものの進出が本格化しています。大手で最初に始めたのはヒルトンで、2018年に地元のオール・インクルーシブと提携しました。近々、4施設になります。

マリオットは2021年の5月に7,000室を運営するオール・イン

クルーシブの会社を買収しました。現在20施設ですが2025年には30施設以上に拡大する予定で、中にはリッツ・カールトンやウエスティンといったハイブランドなものもあります。

　ハイアットはカリブ海を中心に営業している総合レジャー会社の買収を2021年8月に発表し、現在その手続き中です。この会社はオール・インクルーシブでも最大手の一社です。

　価格差をざっと見ると、ハイブランドのものは一泊1,300ドル（14.4万円）程度以上、従来型のものは大体200〜400ドル（2.2〜4.4万円）程度のようです。

　新型コロナの影響もあって、オール・インクルーシブの人気が高まっています。現地で動き回らないので感染リスクが低く、また施設内でアメリカ帰国時に必要なコロナの陰性証明書を発行してもらえます。旅行の手配に手間がかからず、着いた日からすぐにリラックスできるという点も好評で、リピーターに加えて初めて利用する人も増えています。

　2021年の冬休みはカリブ海が大賑わいになりそうです。コロラドは人気のスキー場なのですが地球温暖化で雪がないとか、ヨーロッパは新型コロナの入国規制の現場が各国で異なるうえ、頻繁に変更されるというようなリスクがあります。その点、カリブ海は暖かくて天気も良く、「島めぐり」などはせずに「一か所でゆっくりする旅行」が今年（2021年）はもっとも安全というわけです。
（ドル＝111円／2021年10月5日近辺のレート）

三井不動産リアルティ㈱発行REALTY-news Vol.78　10月　2021年　掲載

アメリカの「元気が出る」リート

　日本では「不動産」とは呼ぶことがない変なリートがアメリカには幾つかあります。まずこれらからご紹介します。

　代表格は「アンテナリート」です。「ただの棒」から「鉄塔」まで、大変な数の携帯電話用の基地局を保有しています。収入は携帯各社からのアンテナ取り付け料（使用料）です。リートは「不動産投資信託」の略なので、「アメリカ最大の不動産会社」と英語で検索するとアンテナリートの最大手が出てきます。

　「ビルボード・リート」は屋外広告を貼る広告板や電光掲示板を大規模に運営しています。収入は広告を貼る使用料や広告板建築用の土地の使用料です。「ビルボード・リート」は2社あり、大きいほうのリートは全米で30万枚を運営しています。

　現在、見かけるビルボードの過半は現行の規定では建てられない「既存不適格」なので建て替えができません。その代わりに、競合する広告板が新たに出現する心配もありません。

　「学生寮リート」や「高齢者向け住宅リート」についてですが、学生寮のほうは大学進学者と留学生の増加で手堅い投資でした。今は新型コロナで帰郷した学生が増え、空室に苦しんでいるところもあります。民間の学生寮の家賃は高いのですが、個室で清潔な点が人気です。一方、高齢者向け住宅は苦戦が目立ちます。原因は供給が増えすぎたことと、シニアたちはデベの予想よりも

はるかに都会に住みたがっていたというミスマッチです。

　ビジネスプロセスから「リートに適格な部分を切り出す」例には各種、あります。

　「記録保存リート」は銀行の取引データやシナトラのオリジナル音源 その他の貴重な物を預かって保管するリートで、顧客数は22万社です。保管施設の中には4.8万坪という超巨大な地下倉庫もあります。「鉄製のラック」が不動産として認められ、リート化しました。

　農業・林業関係では「森林リート」があります。アメリカの林業は山の斜面ではなく広大な平地で行い、単機能ですがモンスター級の巨大な機械を幾つもそろえて使い分けます。土地や設備をリート化して資金を効率化するわけです。「農地リート」も同じ発想で、農業機械もモンスター級です。ESGなり地球環境の面から注目されているセクターでもあります。

　こうしてみると日本の不動産ビジネスにはまだまだ無限の可能性がありそうですが、これはさすがに無理だというものもあげておきましょう。

　「カジノリート」はカジノ用施設や不動産50か所を所有していますが、大部分は中小規模の施設です。「麻薬栽培リート」というものもあります。一部の麻薬が州レベルで合法化され、その栽培・販売プロセスから不動産や設備部分を切り出したリートです。「カンナビス・リート」と呼ばれ、2021年7月時点では3社が上場していました。

三井不動産リアルティ㈱発行REALTY-news Vol.79　11月　2021年　掲載

家を買いたいアメリカ人が書く 「ラブレター」

　アメリカ人が家を買いたいときに書く「ラブレター」の話です。

　アメリカで住宅を売るときは売主とその専任を受けた不動産仲介業者が二人三脚で売却を進めます。売出し価格、その他の条件を整理して「売り物件」としますが、その後、売却がどのようなプロセスをたどるかは、ケース・バイ・ケースです。

　典型的には、まず購入希望者からの「オファー」を集め、仲介業者は集まったオファーについて比較しアドバイスをしますが、最終的には売主本人がどれか一つを選びます。

　「より高い価格であること」が当然、最も重視されます。市場へ売出した価格より高いオファーもよくありますし、ビッド合戦となって競りあがっていくこともあります。

　支払い方法が全額現金なのかローン併用なのかも重視されます。日本よりもローン審査で落ちるケースが多いうえ、ローンだと現金より入金が遅くなります。これら以外にもいろんな条件があり、もろもろを比較したときにどのオファーを選ぶべきか迷うことがあります。

　そこで出てくるのが「ラブレター」です。

　これは購入希望者がオファーと一緒に売主あてに出す手紙のことで、「自分たち家族はあなたの家を気に入りました。ぜひ私たちを選んでください」と、情に訴えるわけです。

　長さは1ページがちょうど良く、ファミリー・ヒストリーのようなものは長すぎて読んでもらえません。また「公正住宅法」には注意を要します。この法律は「売主は人種や宗教等で差別して買主を選んではいけない」としています。ラブレターには自分の人種や宗教等を書くべきではなく、またそれらがわかる家族写真の同封も好ましくありません。

　一つの物件に集まるオファーは、平常時にはせいぜい数件でした。しかし2020年の夏から住宅価格が上昇を始め、その後、市場が過熱し売りの在庫数も少なくなりました。オファーが50件というのは普通で、100件以上集まったのも珍しくありません。

　これに伴い、昔は一種の裏ワザだったラブレターも常態化し、出すほうは物件をいちいち見には行かず、コピペでラブレターを乱発している状態になりました。

　以下でご紹介するのは、ある「プロの作家」がオファーを6回連続で蹴られ、奥さんと一緒に本気で書いたラブレターの一節です。やけになりながら書いている可能性があります。

　「売主様：夕暮れどき、キッチンへ差し込む光りが柔らかく輝く様子を好きになりました。」

　「売主様：郵便受けの横に立っているカエデの木に幸せを感じました。」

　「売主様：焚き火の香りで風に揺れる庭の木々と、裏庭にあったバスケットボールに心をひかれました。ご自宅の前を通ったときに聞こえたガレージを閉める音が胸をうちました。」

　アメリカ人たちもなかなか苦労が多いようです。

三井不動産リアルティ㈱発行REALTY-news Vol.80　12月　2021年　掲載

CHAPTER 8

ウクライナ戦争勃発

2022年1月→12月

香港の歴史的にもアップダウンを
繰り返してきた不動産市場と
2021年の様子

　歴史を長く見ると、香港へは中国で何かの騒乱があるたびに大量の人間が移住してくることを繰り返してきました。不動産市場も過去に「今度こそは奈落の底へか?」と思われたことが何度もありながら、しばらくすると立ち直ることを繰り返しています。

　香港の中国への返還は1984年に合意され1997年に返還、一国二制度となりましたが、この間に北京で天安門事件が発生しています。多数の香港人が国外へ移住し、香港一の富豪はコックを引き連れてバンクーバーへ一時的に避難、このような中では外国人からの投資は停滞し、不動産価格は大きく下がりました。ところがその後、SARSが収まったころには市場は立ち直っていました。回復した理由は国外から香港人たちが戻って来たからです。

　2014年の雨傘革命から2019年の逃亡犯条例改正に至る香港での強烈な反中国運動を見れば、やはり外国人の香港への投資はためらわれました。この時も不動産価格はいったん下落しましたが立ち直り、2021年の後半では特に高額物件が好調です。

　現在の好調な買いの主体は地元の香港勢と中国の富裕層です。「強気な地元勢」の中の一社は、11月に港に面する土地を508億HKD（香港ドル）（7,569億円）で超巨額の落札をしました。香港から国外移住した人の数は前回の香港返還や天安門事件に伴うものよりも多いのですが、香港人の中には「またか」と受け

とめている人も多いわけです。

「中国の富裕層」が香港に積極投資している理由はいくつかあります。香港へなら何とかお金を持ち出せます。他の国への場合は当局の監視が厳しいのです。現在の中央政府による「金持ちたたき」はやがて地方政府レベルに下がり、いずれ我が身となる可能性があります。中国で過去に何度も導入が挫折した「不動産税（注：固定資産税）」が今度こそ実現し、自分が保有するマンション等の不動産があまりにも多いことが露見する可能性もあります。

2021年の香港の不動産市場を見てみましょう。

最も高額の住宅売買は隣接する二戸をまとめ買いした12億HKD（179億円）で、「マウント・ニコラウス」という有名なプロジェクトの中にあります。最も高い住宅賃料は月135万HKD（2,010万円）でした。いずれもお金の出所は中国人の富豪の模様ですが、確認はできていません。

小さいほうでは、「棺おけ住宅」が有名で、ファミリー用のマンションや空き工場を小さく間仕切りしたものです。最近は「ナノフラット」という200sqft（5.6坪）以下の狭小マンションで、日本のワンルームとは違い家族で住む場合もあります。

駐車場も主に投資用として「一台分」が売買されます。特殊例ですが、6月に先の「マウント・ニコラウス」内の一台分が1,020万HKD（1.52億円）で売れました。一般的な駐車場では、2019年にあったオフィスビルの中の一台分の760万HKD（1.13億円）が売買の最高記録です。

（HKD（香港ドル）＝14.9円／ 2022年1月6日近辺のレート）

三井不動産リアルティ㈱発行REALTY-news Vol.81　1 月　2022年　掲載

ジロー、フリッピングでの
巨額損失は
アルゴリズムへの自信過剰から

　アメリカでは、住宅をいったん買い取り、小修繕をした上で売却して利益を取るビジネスを「フリッピング」と言います。Zillow（ジロー）がフリッピングで巨額損失を出し、2021年11月、撤退を発表しました。ここではコンピュータに依存しすぎたジローの失敗の経緯をご報告します。

　前回、フリッピングが盛んだったのは2000年代前半で、主役は「サブプライムローン」を利用した個人投資家でした。今回は事業として大規模に行っている会社が目立ちます。コンピュータをフルに活用しているので「アイ・バイイング」とも呼ばれています。

　フリッピングで大赤字を出したジローはオンライン不動産検索サイトで有名なアメリカの企業です。また「ゼスティメイト」という非常に高い精度の価格査定プログラムを開発していました。

　2018年に「ジロー・オファー」と銘打ってフリッピングに参入します。ゼスティメイトによる査定価格よりも安く出た物件を買い、小修繕をしてから売却、利益を抜くわけです。売るときは売り主直売となるので、中古住宅売買に関わる面倒な手続きが大幅に簡素化できます。進出当時、ジローは「自分たちほど住宅市場を理解している会社はない」と自信満々でした。

　ところが2020年後半から住宅価格が上昇し始めると思わぬことが起こりました。売り主への「ジロー・オファー」の提示価格

が低くて競り負けし、買えなくなってしまったのです。

競り負けの原因は、住宅価格の上昇速度があまりに速くて、ゼスティメイトが追い付けていないことでした。数か月前に決まった価格からの計算ではもう低すぎたわけです。

ジローはゼスティメイトの「係数」を修正し、高めの値段でのオファーが可能なようにし、同時に買い入れ戸数を大幅に増加しました。ところがこれが一種の暴走と似た状況を呼び、仕入れ戸数は2021年4～6月期は3,800戸、7～9月期は9,680戸にも上りました。そのうえ、運が悪いことにこれが住宅価格上昇率のピーク時と重なっていました。統計では上昇率のピークは7月です。ジローは全般的に「高買い」してしまっていて、したがって同社の売り物件には取得価格割れの物件が多い状態になっていました。

ジローはどこかでこれに気づき、在庫を評価すると約5.6億ドル（644億円）もの巨額赤字に達することがわかり、2021年11月にフリッピングから撤退すると発表したわけです。

全体として変な話です。最も奇妙に見えるのは「相場が上昇しているのに『フリッピングで損をした』」という点でしょう。同業他社はしっかりと利益を出しています。ジローのゼスティメイトへの期待の仕方も変です。これは価格査定用のアルゴリズムであり、そもそも「買って売ることにベットする」ことに向いたものではないはずなのです。

2021年度の決算発表時の補足的な説明に興味が持たれます。

（ドル＝115円／2022年2月4日近辺のレート）

三井不動産リアルティ㈱発行REALTY-news Vol.82　2月　2022年　掲載

中国は不動産セクターの危機を
今回も「絆創膏」で乗り切れるか

　中国のマンション業界が大変な苦境にあります。代表格の恒大集団は負債が3,000億ドル（34.8兆円）、仕掛かり中の物件が223都市に778件、未引き渡し戸数が140万戸です。工事は一時、全面的に停止しました。他の大手デベロッパーも販売戸数は前年比で4割減です。

　中国では、デベロッパーはマンション用地を市が行う公売で入手します。マンションの人気は根強く、価格はどんどん引き上げられていきました。その結果、安いうちに契約したいという購入者と早く資金を手にしたいデベロッパーの思惑が一致、「図面売りでの契約締結時に代金全額を払う」という独特な販売慣行が定着しました。デベロッパーは得た売買代金を早々といろいろな物に使い、建築工事のための資金は必要になったときに別途、さまざまな手段で調達することになります。

　経済全体における債務の膨張を懸念した当局は、銀行に対してデベロッパーへの融資制限を設け、デベロッパーは資金繰りに窮するようになり、恒大集団が経営危機の表面化の第一号となったわけです。その後、デベロッパー多数がこれに続きました。このままでは目もくらむような人数の図面売りの購入者や代金が支払われていない工事関係者等に影響が及びかねません。社会混乱が起きないよう、当局は総がかりで「販売済みのマンションを竣

工させること」を最優先にして恒大集団問題に対処しています。

　現在、この問題は次のステージに進んでいます。

　デベロッパーは市の土地公売への参加を見送っています。ところが市の財政は土地売却収入がないと成り立ちません。主要各市の歳入の土地売却収入への依存度は平均40％もあるのです。

　最近の公売の落札者には「融資平台」と呼ばれる、各地の市役所の外郭団体が非常に増えています。「融資平台」は、元は公共工事の建設の際に資金を市がオフバランスで借り入れるための外郭団体でした。しかし今は単に市がオフバランスで資金調達するためのビークルに近くなっています。これらの銀行借り入れには市が（暗黙の）保証をしているので、「市が土地を売り、それを市自身が買っている」のと変わらず、長続きするはずがありません。

　他にもいろいろなほころびが出てくるでしょう。楽観的な人は、中国当局の政策能力は非常に高いので今までのように今回の危機も乗り切るだろうとしています。中国の４大銀行はすべて国有系で、当局がこれらを指図どおりに動かせる点も非常に強みです。

　しかし「上に政策あれば下に対策あり」という格言どおり、中国にはどのような政策もしばらく経つと「絆創膏」と化してきた歴史があります。その度に一回り大きな絆創膏を上に貼る、すなわちバランスシートを膨らませることで問題を封じ込め、先送りしてきました。

　今回も巨大な絆創膏で何とかなるのか、あるいは大混乱に陥るのか、まだ読めません。

（ドル＝116円／ 2022年3月3日近辺のレート）

三井不動産リアルティ㈱発行REALTY-news Vol.83　3月　2022年　掲載

ウクライナ危機で
最初に影響が取りざたされた
不動産市場はロンドン

　ウクライナ危機で、「グローバル化」の今後が注目されます。たとえばアメリカやヨーロッパの大手ホテルチェーンがロシアから手を引こうとしています。進出規模で最大のフランスのアコーはロシア全体に50棟、うちモスクワで21棟を営業していますが、3月にロシアからの撤退を表明しました。

　アメリカのマリオットやハイアットも撤退に着手しています。これらの動きは不動産ビジネスで起きた「世界の分断化」です。今までのグローバル化の流れが反転し始めました。

　ロンドンのラグジュアリーな不動産市場も問題含みです。ここでは「オリガルヒ」がキーとなっています。

　オリガルヒというのはロシア人の大富豪たちのことで、ソ連崩壊時に国有企業の民営化が進められ、そのどさくさに大変安い価格で国有企業を手に入れ、後のエリツィン時代に非常に大きく成長し、政治にも強い影響力を持ちました。一部は「政商」でもあります。

　このオリガルヒたちが好んで買ったのがロンドンのラグジュアリーな住宅です。買う際には海外法人名義で買って正体を隠しています。彼らに最も好まれる地区は市内の超高級住宅街であるベルグレイビアや近郊のサリーですが、ほかでも高級住宅地を広く買っています。ロシア語で都市のことをグラードと呼ぶので、ロシ

ア人が多く買う高級地区には「ロンドングラード」というニックネームがついているくらいです。

　ロンドンの住宅が彼らに好まれた最大の理由は、資産を置くのに簡便かつ安全だからです。総額でいったいいくらくらい買われたのかは、調べてもよくわかりません。「オリガルヒが所有する住宅が一斉に売られて市場が崩壊する」というのが悪夢のシナリオです。

　不動産とは別種の蓄財を兼ねた資産が「スーパーヨット」です。ギガヨットというと全長90m以上になります。これらの魅力は「売るときはドル建てで売れる」という点です。ただヨットというのはあまりにも維持費がかかるので、蓄財用の資産には向いていません。運用する方法が他にはもうないというオリガルヒが買っているという面があります。

　アブラモビッチ氏は最近では最も有名な超大物のオリガルヒです。以前からスーパーヨット2隻、4.74億ドル（593億円）、4.37億ドル（546億円）を持っていることで知られていましたが、他にも3隻のスーパーヨットを保有していることがわかりました。以前の離婚の際の慰謝料はギガヨット付きで払っています。海が好きでヨットを持っている人だとは思えません。

　ロンドンのラグジュアリー住宅を保有するオリガルヒたちの感覚は、アブラモビッチ氏のスーパーヨットに似ているのかもしれません。

（ドル＝125円／ 2022年4月11日近辺のレート）

三井不動産リアルティ㈱発行REALTY-news Vol.84　4月　2022年　掲載

マンハッタンの「コンド」「コアップ」「タウンハウス」とは

　日本へ投資する海外勢ならたぶん知っているであろう、マンハッタンの南半分にある住宅の各種をご紹介します。マンハッタンの面積は山の手線の内側とほぼ同じですが、北半分は重要ではありません。ここでは自己居住目的の住宅を念頭とします。

　「コンド（コンドミニアム）」は日本の分譲マンションと似ています。価格も築年数も広さもピンキリで、2019年1月にはニューヨーク、ビリオネアーズロウの「220セントラルパーク・サウス」で2.38億ドル（307.0億円）という成約がありました。これは超ド級で、超高層マンション内の四つの階を連結した24,000 sqftの広さの住戸でした。一般に2,000万ドル（25.8億円）以上がウルトラ・ラグジュアリーと呼ばれ、かなりの頻度で売買されています。

　「コアップ」は物理的にはコンドと大差がないのですが、法律的には大きく違います。各コアップ専用の会社や組合がその建物全体を所有し、住民はコアップの出資持分を取得することで入居します。コアップではたいていボード（役員会・管理組合）による入居審査があります。新築の分譲マンションは、今はすべてコンドで、コアップはありません。以前、日本の国連代表用だったアッパーイーストサイドのコアップ「740パーク・アベニュー」のデュープレクス・18室が2022年2月に6,000万ドル（77.4億円）で売りに出されました。

　同じようなコンドとコアップがあった場合にどちらのほうが価格が高いかは、ケースバイケースです。コアップの役員会が居住者に何かとうるさいことを嫌いコンドのほうがいいという人もいれば、そのうるささゆえの安心感からコアップのほうを評価する人もいます。そもそも個別性による違いのほうがはるかに重要です。

　「タウンハウス」はテラスハウスを5～7階建てにした連棟式住宅です。各人の所有部分は1階から垂直方向へ上に伸びるのですが、各住戸の横幅はたいてい8m程度しかありません。これらを長屋のように横に連ねるので、全体ではそこそこ大きく重厚な建物となります。各戸専用の狭小エレベータが各住戸内の奥にあります。日本の江戸時代に竣工したという物件の取引もよくあります。タウンハウスは築年は古いのですが、概して立地が良いものが多く、2022年2月にアッパーイーストサイドの7階建て、13,000 sqft超の物件が5,600万ドル（72.2億円）で成約しました。

　「一戸建て豪邸」はかなり珍しい存在です。石造りのこのような豪邸が昔はマンハッタンで多数建てられていたのですが高層住宅や商業建物に建て替えられ、今あるのはその生き残りです。現在はほとんどがショールーム、画廊、オフィス等として使われています。2022年の4月に1890年代末築造のアッパーウエストサイドの12,000 sqft前後で8寝室ある物件が6,500万ドル（83.9億円）で売りに出ました。

　なおアメリカ全体で見ると最も多い住宅は「一戸建ての木造住宅」で、これらは2×4工法で建てられています。日本では三井ホームがこの工法の最大手です。しかしマンハッタンの少なくとも南半分では、このような木造の一戸建て住宅は見かけたことはあ

りません。

（ドル＝129円／2022年5月15日近辺のレート）

三井不動産リアルティ㈱発行REALTY-news Vol.85　5月　2022年　掲載

日本のホテル：新型コロナ後はどうなるかをアメリカから推測する

　アメリカの「ホテル」の状況を、まず新型コロナが本格上陸した2020年からざっと見てみます。ホテルはコロナの当初段階から最も大きな打撃を受けた不動産セクターです。

　しかし本格上陸から数か月後にはもう「近場への日帰り旅行や短期の旅行者が出現している」と報じられました。東京で言うなら箱根や富士五湖といったエリアです。2020年の秋以降は「SUVをガソリン満タンにして回れる範囲の近場」を何か所か周遊する旅行が増えました。

　その後、遠方への旅行が増加、現時点ではホテルのリゾート需要は完全に復活し、2022年の夏はホテルもレンタカーも飛行機も大変な大混雑になる見込みです。これは後述します。

　旅行先での支出は、「モノ」へではなく「エクスペリエンス（体験）」へ、が大きいという傾向が顕著です。ホテルや滞在先でのくつろぎやレストラン・食べ歩き、中小規模のミュージアムめぐりやコンサートといった「エクスペリエンス」への支出のほうが大きいのです。

　一方、ビジネス出張はレジャー旅行よりも復活がかなり遅れていて、いまだに完全回復となっていません。2022年5月の回復率は新型コロナ前のピークの61%とのことですが、最悪期ではこれは25%でした。「Zoom面談よりもリアルな面談のほうが優れて

いる」との認識が広まっていますので、ビジネス出張の完全回復はもう時間の問題でしょう。

　興味深いことに、稼働率がまだ回復していない段階で、ホテルでは収益性がコロナ以前を上回りました。運営コストの削減効果と宿泊単価の上昇が貢献しています。「宿泊単価が上昇した」というのは意外ですが、価格競争が「休戦状態」になっているのではと想像されます。

　新しいタイプの宿泊をいくつか見てみたいと思います。

　「ブレジャー」は「ビジネスとレジャーを同時にこなす出張（旅行）」の意味で使われ始めました。「地方の拠点へ出張して指示を出し、いったん本社に戻って再度出張をして成果をチェックする」というのを、「現地で滞在し続け、空いた時間で周囲のレジャー旅行をする」というスタイルに変更するイメージですが、今では「ブレジャー」は多様な意味で使われています。

　Airbnbは相変わらず非常に動きが素早く感心します。周遊旅行の需要を掴むため、「二つの宿泊施設を連続して一括で予約する検索」を用意し、スキーやサーフィンのように「旅行の目的を入り口とする検索」も用意しました。両方とも手間をかければ今まででもできたわけですが、新しい方法なら「あっという間」に検索から予約まで完了しそうです。

　直近の５月末時点の状況では、夏のレジャー旅行の予約はもう過熱しています。たとえばあるカップルは遠隔地での結婚式のためにかなり前から航空券を予約していたのですが、エアラインから予約のキャンセルが告げられてしまいました。あわてて他の航空券を予約しましたが再度のキャンセルの不安は消えず、最悪

の事態に備えて「札幌～鹿児島」相当の距離をマイカーで往復する覚悟もしているそうです。

　大手の各ホテルチェーンはそれぞれ独自の工夫を凝らした集客を試みているのですが、この夏はそれどころではない、需要に応えきれない状況になりそうです。

三井不動産リアルティ㈱発行REALTY-news Vol.86　6月　2022年　掲載

「エクソダス」は日本では小規模だった：新型コロナとニューヨーク

　旧約聖書の「出エジプト記」にならい、大脱出を「エクソダス」と呼びます。ニューヨークとサンフランシスコとシアトルで新型コロナにより大規模なエクソダスが発生しました。しかしニューヨークでは2022年6月、脱出した人たちの逆流現象が起きています。

　注意を要するのは「在宅勤務」「リモートワーク」というのはホワイトカラーの一部の話であることで、これらを冷ややかに見ていた市民も多くいました。ニューヨーク市には320万世帯が住んでいますが、新型コロナ流行後の1年間に市外へ転居したのは16万世帯にすぎないのです。

　またエクソダスした人の中には、「1DKに夫婦2人と幼児と赤ちゃん住まい」というような若いカップルがいました。彼らはこの際だから広い家へ引っ越しをしたので、新型コロナはきっかけの一つにすぎません。これは需要の前倒しという面が強いのです。

　2020年3月22日にニューヨーク市がロックダウンされ、その後エクソダスが始まりました。マンハッタンの賃貸マンションの空室率は2021年初頭には12％弱まで上昇、家賃相場が底を打ったのもほぼ同時期です。

　その後、2021年5月ごろから家賃の再上昇が始まり、以降は上昇の一途をたどりました。2022年5月の家賃のメディアン（中央値）は4,000ドル（54.4万円）と史上最高額になり、空室率は

コロナ前の水準を下回る2％に下落しました。賃貸マンションの新規リースのピークは、「新卒者の就職」や「学校の年度初め（9月）の準備」が重なる8月なので、家賃相場は今後もまだ上昇しそうです。

　一方、オフィスへの復帰は回復が鈍く、企業経営者を悩ませています。経営者たちは「オフィスで一緒にいないとチームが機能しない、従業員のトレーニングもできない」等としているのですが、従業員側は「在宅勤務でも生産性は高かった」と主張しています。しかし従業員の中には、いずれはオフィスに戻らなくてはと覚悟していながらも、できるだけ長い間在宅勤務を続けることで「楽をしよう」としている人間も多いように見えます。

　マンハッタンには非常に多くの中小・零細業者が存在し、一種の「生態系」になって街が成り立っています。ホワイトカラーのオフィス復帰抜きではこの生態系が回りません。

　そこへFRB（連邦準備制度理事会）の利上げや株価の急落等が起き、景気後退入りする可能性が高くなってきました。景気が後退すれば各企業で人員削減が始まります。自分がリストラ対象とならないようにと、今後一挙に大量のオフィス復帰が起こるのではないかという見方があります。

　エクソダスで引っ越してそのまま郊外に住み続ける人の分、郊外からの通勤者が増加します。通勤電車はコロナ前からラッシュ時は満員でした。これに新たな通勤者が加わるので、通勤電車は日本の昔のラッシュアワーよりもひどい混雑になりそうです。

（ドル＝136円／2022年7月5日近辺のレート）

三井不動産リアルティ㈱発行REALTY-news Vol.87　7月　2022年　掲載

アスペンがウルトラ・ゴージャスな
別荘地帯となる

　コロラド州のアスペンは良質な雪で有名な高級スキーリゾート地ですが、超高額別荘の人気がこの2年間で急速に高まりました。アメリカを代表する高級別荘地というと最もメジャーなのはニューヨークの東にあるハンプトンズですが、アスペンの価格があまりにも高いので、「ハンプトンズが格安に見える」といわれています。

　コロラド州最大の都市はデンバーで、有森裕子・高橋尚子両アスリートの高地トレーニングで知られるボルダーはこの北です。アスペンはデンバーの南西約180km、ロッキー山脈のふもとの人口約8,000人の町で、標高は約2,400m、1900年代後半からセレブが集まるようになりました。

　そのアスペンの別荘に急速に人気が集まり始めたのは2020年の夏からで、これは新型コロナ対策で金融の超緩和策が始まった直後にあたります。これ以降、売買件数が増加するとともに価格もみるみる上昇しました。

　具体的な物件の例を見てみましょう。2022年の6月に1億ドル（133億円）という値段で売りに出た物件は、3階建ての10寝室、アスペンの中でも最も大型の別荘の一つで、ゴンドラまで僅か90mという近さもセールスポイントです。しかし7月下旬時点ではこの物件が成約したという報はまだありません。

　2021年の6月に7,250万ドル（96.4億円）で成約した物件が、

今のところ、成約に至った価格としては最高額です。11寝室で、売主は2009年に4,300万ドル（57.2億円）で買った後にリノベをしていますが、その費用はわかりません。

　2022年の３月に5,000万ドル（66.5億円）で成約した物件は、わずか３か月前に3,100万ドル（41.2億円）で売買された物件の転売です。「スキーイン・スキーアウト」という作りでスキーを履いたまま建物から出入りすることができ、各種の別荘の中でも人気があるタイプです。直近では4,800万ドル（63.8億円）と3,760万ドル（50.0億円）の２物件が成約しています。

　アスペンで別荘の価格が急上昇した原因の一つは、極端な品不足です。各種の規制や私有地の存在で別荘の新築がほぼ不可能なため、既存（中古）物件を買うしかありません。

　アスペンのこのクラスの別荘売買で特徴的なのは「市場外取引（オフ・マーケット取引）」が多いことです。これはいわゆる「ポケットリスティング」の一つで、仲介業者が物件をリスティングしない、あるいはリスティングの前に買い手を見つけようとします。

　さてインフレ警戒からの利上げで、アスペンも一本調子の上昇とはいかなくなりそうです。しかし市場の方向性を見定めようとしてもアスペンの超高額別荘の市場規模は非常に小さく、取引ごとに大きくブレます。新たな成約が出るたびに、「まだ強気で行ける」「いや下がった」という一喜一憂をすることになります。

　上にあげた「１億ドル（133億円）」の物件の価格がどうなるかも、今後の目安となりそうです。

（ドル＝133円／ 2022年８月15日近辺のレート）

三井不動産リアルティ㈱発行REALTY-news Vol.88　8月　2022年　掲載

中国で広がりつつある
「住宅ローン返済ボイコット」

中国で「住宅ローン返済ボイコット」が広がっています。中国の新築マンションは大半が図面売りで、契約時にローン融資も実行されます。購入者はまだ建築工事中である段階からローンの返済が始まることになります。

ところが多くのデベロッパーで経営状況が悪化し、資金難から建築工事が何か月も止まっています。どう見ても工事再開の気配がないのに毎月のローン返済を続けることに怒った購入者達が団結し、「住宅ローン返済ボイコット」という挙に出たわけです。

話の大本は鄧小平の「先富論」です。国全体としては大変豊かになりましたが、昨今は極端な「貧富の差」が目立つようにもなりました。習近平は「共同富裕」により「先富」の富の平準化を考えているように見えます。

「貧富の差」という点で、不動産には大変わかりやすい面があります。

マンションを投機目的で購入する人が増えましたが、習近平は「住宅は住むための物であり投機のための物ではない」という意味の「房住不炒」を主張しました。

デベロッパーへの締め付けの中で最も効いたのは、「三つの指標がレッドラインを割るデベロッパーには銀行融資等をしない」という規制で、「三道紅線」といいます。デベロッパーのデフォル

ト数は30社強となり、今後、240万戸以上が予定どおりには竣工しないだろうとみられています。

　さて本題の「住宅ローン返済ボイコット」ですが、最初に起きたのは陶磁器で有名な市である景徳鎮です。ここでの動きが800km離れた鄭州に飛び火して一挙に拡大しました。SNS上に専用のプラットフォームが開設され、全国各地の同様な状態の事例がこのプラットフォームにどんどん書き込まれ、僅か4週間で100都市・326プロジェクトがボイコット対象に加えられました。その後、政府がこのSNSを検閲・削除したため、現在のボイコットの状況はわかりません。

　怒った人が集団でデベロッパーの販売事務所へ押しかけ、業務の妨害をしています。水道・電気もない未竣工の建物に引っ越し、ポリタンクの水で暮らしている購入者も現れています。

　工事業者や納入業者の中には、銀行からの借入金は返済しないといい出している会社があります。デベロッパーからの工事代金が貰えないのでお金がないというのです。既購入者の中にも住宅ローンを払うのは止めるという人が出てきそうです。買ったマンションが値下がりしているからです。こうなると「ピラミッド」の全体が崩れかねません。

　政府は2,000億人民元（4.1兆円）の特別融資を計画中です。停止した工事を再開して完成させ、購入者への引き渡しを実現させるための資金です。

（人民元＝20.7円／2022年9月14日近辺のレート）

三井不動産リアルティ㈱発行REALTY-news Vol.89　9月　2022年　掲載

マンハッタンでは「アメニティ・リッチ」なオフィスビルに人気が集まる

　新型コロナ問題が終息しつつあるマンハッタンで、オフィスビルの好・不調が顕著に分かれています。マンハッタン全体としては空室率が増加傾向であるなか、超高層・超大型の新築ビルや本格的にリノベされたビルは非常に順調に埋まっています。しかし築年が古くて規模も小さいビルでは、どんどん空室が増えている状態です。

　新築やリノベのビルが好調な原因はいくつかありますが、最近、よく指摘される点としてこれらの大型ビルが「アメニティ・リッチだ」という話があります。

　「アメニティ」というのは日本語にしづらい言葉です。たとえばホテルの室内ならば、宿泊客を心地よくさせる物のすべてがアメニティです。壁にかかった絵もクッションもランプも全部アメニティですが、日本ではそれらの中の一部である「持ち帰りがOKなシャンプーや石鹸、化粧品等」だけをアメニティと呼んでいます。

　オフィスにおけるアメニティを、具体的な例で見てみましょう。あるビルではワンフロア全体を「アメニティ用のフロア」としていて、フィットネスジム、打ち合わせ室、カフェ、ラウンジ、バスケットコートがありました。フィットネスジム内のバイクはペロトン製の高機能バイクです。打ち合わせ室は簡単にヨガルームに変えることができます。

　その他の例としてはヨガと似た運動をするピラティス用の個室やキックボクシングのサンドバッグがありました。いずれもパーソナル・トレーナーの指導を受けられます。

　最近は会社が無料の朝食・ランチを提供する例が増えています。これもアメニティです。企業の直近の最大の悩みの一つが、新型コロナも落ち着いてきてそろそろ「在宅勤務」を縮小、従業員たちにもっとオフィスへ出社して欲しいというものです。なかなか復帰率が上がらず、さきの「無料の朝食・ランチ」にはこれで釣ろうという思惑もあります。「オフィスに来ればエアコンの電気代はかからない」と説得している会社もあります。

　フィットネスジムにも似た面があります。「ジムに自腹で行くくらいなら会社でやればタダだ」というのです。こういうアメニティは大型のビルほど設置がしやすいのは明らかです。

　「アメニティ」という言葉は高級マンションでも使われます。倉庫でもアメニティが重視されるようになっています。最近の倉庫は返品処理も行う場合があり人手が必要で、求人や雇用の定着を図るため、カフェやラウンジ等が設置されています。

　「アメニティ」は例外的に大規模開発では外側にも効用が漏れ出すことがあります。最近の例ではハドソン・ヤード開発で設けられた公園内の高さ46mのベッセルがその例です。ベッセルは開発のシンボルでもある独特な形の建築物で「階段と展望台を兼ねた踊り場だけ」でできています。「ハチの巣」と形容する人もいますが、工事費はなんと2億ドル（292億円）です。

（1ドル＝146円／ 2022年10月11日近辺のレート）

三井不動産リアルティ㈱発行REALTY-news Vol.90 10月　2022年　掲載

コロナ対策で生じた
低金利モーゲージの「コブ」

　日本の住宅ローンにあたる物をアメリカでは「モーゲージ・ローン」と言いますが、異なる点がいくつかあります。

　日本の住宅ローンでは家は担保ですが、モーゲージでは家は契約の対象物です。日本では担保を処分してもローン全額の返済に足りない場合、債務者に残りの支払いを要求できます。アメリカのモーゲージでは銀行に家を差し出すだけで帳消しになります。ただしその場合、踏み倒した人は10年間、住宅で新たなモーゲージを貸してもらえません。帳消しになるのはビルやホテルなどへの商業モーゲージでも同じです。「キレ」が良いとも言えます。

　金利が下落するとリファイナンス（借り換え）が活発になります。リファイナンスで返済が月7～8万円減少することもよくあります。残債より大きな額のローンへ乗り換えて差額を「キャッシュアウト」し、家の修繕費や新車の購入などにあてたりします。

　銀行は貸し出したモーゲージを他へ売却することもよくあります。だらだらと金利をもらい続けるのではなく、資金回収と同時に債権売却益を得ることを選ぶわけです。融資した金利より低い利回り（＝高い値段）で売却するので、銀行には債権売却益が出ます。ローンを買う側は、買い集めた大量のローンを材料にして証券化ビジネスを行います。

　政府系の機関、ファニーメイがモーゲージ買い入れの代表格で

す。同社は買い取ったモーゲージを「プール」に入れ、取り出した「束をスライス」して証券として売ります。この証券が「MBS」です。銀行はMBS市場から逆算して自行の融資金利を決めます。

さて新型コロナ対策によりモーゲージの金利が3%まで下がったために大量のリファイナンスが発生、その後、インフレが発生したため金利は逆に猛烈に引き上げられました。

現在、中古住宅の売買市場では取引件数が急落している一方で、価格はまださほど下がっていません。取引件数が減っているのは売り物件の数が少ないためです。低金利のローンへリファイナンスしたので売り手に売るモチベーションがなくなったと考えられています。

自宅を売って「3%という低金利」を捨て、購入物件では「7%のローン」を借りることになるので買い替えをためらう人が増えていると見られるわけです。

新型コロナ禍中にリファイナンスされた大量の低金利のローンは、一種の「コブ」を形作っています。このコブの存在により中古住宅の売買市場の不活発さが長期化する可能性があります。一方、直近では単純に「今が高値だ、値崩れは近い」とみて売る人も出始めています。

リファイナンスにより大量発生した繰り上げ返済はMBSに紐づけられていますが、MBS市場では混乱はまだ起きていません。MBS市場での別種の問題としては、以前は量的緩和を実現するFRB（連邦準備制度理事会）が超大口の買い手だったのが、今後はFRBが大口の売り圧力となることです。

三井不動産リアルティ㈱発行REALTY-news Vol.91 11月 2022年 掲載

ユーロ安でアメリカ人が買った
意外な国は「ポルトガル」だった

　円ほどではありませんでしたがユーロもポンドもかなり安くなり、アメリカ人のヨーロッパの不動産への投資が増えました。イギリス向けやフランス向けは当然でしょうが、ポルトガルの不動産への投資も目立ちます。この国の何が魅力なのかを見てみましょう。

　ポルトガルのGDPはEU加盟27か国中で15位前後、ユーロ国債危機の際の問題国の頭文字をまとめた「PIIGS」の「P」であり、経済力は強くありません。しかし16〜17世紀には南蛮貿易を繰り広げ、日本にまでもやってくる海洋大国の時代がありました。首都リスボンにはその栄華を刻む石造りの建物群が多数、往時の姿からメンテナンスも行き届かないままの古色蒼然さで残っていました。

　ポルトガル政府はこれらの石造りの建物群を磨き上げると同時に街並みにも手を加え、リスボンをプラハと似た中世を想い起こすノスタルジックな街とし、大評判となりました。

　観光のもう一つの成功例はリスボンに近いエリセイラという海岸の町です。「ラグジュアリー層も呼び込むサーフィンの聖地」として、僅か5年で大きく変貌しました。

　アメリカ人が不動産を旺盛に買っているのはポルトガルの最南端のアルガルベ地域です。もともと、イギリス人やドイツ人に人気の観光・保養地であり、景観に恵まれ美しい砂浜も多く、また温暖で生計費が安い事もあって引退後はここで定住する人が以前

から多くいました。

　アルガルベでは売り物件が少ない中で購入希望者が増加、価格は3年前の倍へと高騰、海沿いの別荘では1,850万ユーロ（26.6億円）という高額の成約までありました。価格が今のように高騰しても、この辺りの別荘はまだアルプスや南フランスの別荘より安いのです。

　話をもう二点、追加します。ともに「ビザ」に絡むものです。

　一つはポルトガルの「黄金ビザ」がとても魅力的だという話です。黄金ビザとは「一定額以上の投資そのほか幾つかの条件を満たせば取得できる永住ビザ」というビザのニックネームで、世界で約30か国にこの制度があります。ほとんどの国で「不動産の購入」で「一定額以上の投資」の要件を満たせます。ポルトガルの黄金ビザはその他の要件も比較的緩く、しかもこのビザはEU諸国でも使えるという点が非常に魅力です。「不動産よりもEU内で通じるビザのほうがよほど貴重だ」という人は多くいます。世界にはお金さえ払えば簡単に黄金ビザを取得できる国も多いのですが、こういう国のビザは持っていても役に立ちません。

　もう一つは「デジタル・ノマド・ビザ」というビザで、遊牧民（ノマド）のように各地を移動しながら働く人を想定したものです。デジタル・ノマドは技術的には簡単なのですが、労働ビザの問題（不法就労）やどの国が給料に課税・源泉するかといった問題などから、手続きが非常に面倒です。ポルトガルはこの新しいビザを導入して、問題の一部を解決する予定です。

（ユーロ＝145円／2022年12月12日近辺のレート）

三井不動産リアルティ㈱発行REALTY-news Vol.92　12月　2022年　掲載

CHAPTER 9

イスラエル・ガザ
紛争再発

2023年1月→7月

シンガポールの「バンガロー」とは
一戸建て住宅のことで、豪邸が多い

　シンガポールでは「バンガロー」とは「土地付き一戸建て」のことで、「豪邸」を指します。もともとはイギリスによる植民地経営のための住宅に由来し、その後、モダンなバンガローが多数、建築されましたが、「ラグジュアリー」とされるのは2,500〜2,800棟に過ぎません。取引件数は少なく2021年は60件で、これでも前年の3倍です。「グッドクラス・バンガロー」と呼ばれる豪邸中の豪邸群は、世界的にも有名です。しかしバンガローは「土地付き」ですので、外国人は基本的には取得できません。隣接したセントーサ島内でのみ、例外的に取得できます。

　シンガポールの最高級住宅地はナッシム・ロードで、有名なオーチャード・ロードの近くにあります。この通りには62棟の「豪華なバンガロー」がありますが、売買件数は5年間で僅か5棟です。たまたまでしょうが、2022年の秋に売り物件が3棟も重なるという非常に稀な状況が起きました。「ナッシム・ロードでバンガローを所有している」となると、これはシンガポールでは大変なステイタスになります。

　「グッドクラス・バンガロー」という言葉は非常によく登場します。制度としてうるさく言えばこれは地区計画上の用語です。約39の地区が「グッドクラス・バンガロー地区」に指定されていて、住宅新築の際の敷地の最低面積や建物の階数等の規制を受けま

す。狭義に言えば「グッドクラス・バンガロー」は「これらの地区内にあるバンガローに限る」となりそうですが、一般的には超豪邸なら場所はどこでも「グッドクラス・バンガロー」と呼ばれています。

バンガローの価格ですが、取引の最高記録は2019年にあった2.3億シンガポール・ドル（230億円）です。2020年には2.18億シンガポール・ドル（218億円）という売出し価格の物件がありました。バンガローの中には「馬車のポーチ付き」の物も多くあり、広大な庭で、9番アイアンでは端から端まで届かないだろうというものもあります。それにしても法外な値段です。

あえて目途を言うならグッドクラス・バンガローの中心価格帯は3,600〜6,370万シンガポール・ドル（36〜64億円）です。セントーサ島内のバンガローはもう少し安くなります。

シンガポールは世界で最も安定的な成長が見込まれている国の一つで、アジアの金融の中心地の座を香港と競っています。政治的自由の抑圧や新型コロナの蔓延等で香港から逃げ出した人の多くがシンガポールへ向っていますが、まだ香港のほうが優位です。

シンガポールは地理的な位置も有利に働いています。マレーシア、インドネシア、ベトナム等の東南アジア諸国のハブとしては絶好の場所にあります。さらに現在、猛烈な勢いで伸びているインドとは近年、ますます結びつきを強めています。

シンガポールの弱点は、あまりに「たいら」で水が出ないことでしょう。マレーシアの南端との間のジョホール海峡に架けられた橋の下のパイプラインを通じて、水の大半を輸入しています。

最近では2018年に両国の間で水供給料金の値上げが外交問題となりました。

（シンガポール・ドル＝100円／ 2023年１月11日近辺のレート）

三井不動産リアルティ㈱発行REALTY-news Vol.93　１月　2023年　掲載

新型コロナ明けの経済統計を
読む難しさとアメリカの金利

　2月1日に米FRBが金利の引き上げ幅を0.25%に縮小しました。12月は0.5%の引き上げ、その前は4回連続で0.75%の引き上げでしたので、インフレ抑え込み最優先というブレーキを少し緩めた形です。

　米FRBは金利を決定する際に経済統計を重視しますが、新型コロナ以降、経済統計の読み解き方が非常に難しくなっています。話の切り口として「季節調整」・「季節調整済み年換算」という言葉を先に説明したいと思います。

　たとえば「住宅販売件数」は毎年3月から6月に増加します。9月の新学期から逆算して家を買うニーズがこのころに顕在化するためです。3月は2月に比べて販売件数が増える傾向が毎年あるなら、これを調整しないと景気や市場が良くなったのかどうかがわかりません。

　この「季節調整」の方法ですが、毎月の販売件数5〜7年分を一覧表にし、各月が前の月から何パーセント変化したかを出し、その平均値を月ごとに出します。これは各月ごとの変化率の「クセ」で、当月のデータとこのクセとをあわせて12か月分を計算したものが「季節調整済み年換算」です。当月の「季節調整済み年換算」から前月のそれを引いて「前月比」を出します。単に「前月比」としてあっても「季節調整」をしたものがほとんどです。また

その他のデータを季節調整の際に加える場合もあります。

　2022年12月の既存住宅（中古住宅）販売件数は前月比で1.5％減少、新築住宅着工件数は前月比1.4％減少です。2023年の1月分は2月中旬に発表されますが、ある大手の不動産仲介会社は社内の集計数字から判断して、1月分はそこそこ伸びるだろうとしています。

　小売売上は店舗家賃に直結します。しかし新型コロナ突入以降、小売売上の統計を読むのが極度に難しくなりました。2021年はサプライチェーンの混乱により売れすぎると品切れが起こりかねないため、ディスカウントは控えめでした。ところが2022年は仕入れの読みが大きく外れ、山となった在庫の処分のディスカウントに追われる状態でした。

　小売りの現場はてんてこ舞いで、統計などには構っていられません。1月中旬に発表されたクリスマス商戦の売上は結局、「微減」と事前予想よりも悪い数字でした。消費が弱含みであったことが冒頭の米FRBの利上げ幅縮小の根拠の一つになっています。

　今、議論を呼んでいるのは「雇用統計」です。2月3日に発表された1月の雇用者数の増加は51.7万人で、予想されていた20万人前後の倍以上もあります。これなら景気は好調に向かっていて、さらなる利上げでインフレの押さえ込みは可能だとなります。しかし「51.7万人」というのは、どうも実感できません。世の中はレイオフの話だらけなのです。

　米FRBのパウエル議長はまだ利上げをしたがっています。「年内に利上げはあと2回」と覚悟している人が増えています。

三井不動産リアルティ㈱発行 REALTY-news Vol.94　2月　2023年　掲載

超巨大不動産投資会社でもある
ブラックストーンは
「オーラ」を維持できるか

　ビジネスを円滑に進めるためには「信用」が必要で、「オーラ」を放っていると進む速度は格段に速くなります。ブラックストーンはオーラと共に破竹の勢いで拡大してきました。しかしこの数か月、これに傷が付きかねない話が立て続けに起きています。

　最も大きく「はてな？」と思わされたのはBREIT（ブラックストーン・リアルエステート・インカム・トラスト＝ビーリート）という個人富裕層向けの不動産投資ファンドで、大型の賃貸マンションや物流倉庫に投資しています。「大型不動産への投資の妙味」は、従前は大口の機関投資家等だけが享受できたのですが、BREITではこの投資機会を個人にも提供するとして人気を得、今やブラックストーンの稼ぎ頭です。

　BREITでは純資産等から計算した投資価格が設定され、一単位の額はだいたい数十万円と比較的高額です。上場リートと似た値動きを続け、これは両方とも同じような商業不動産へ投資しているのだから当然だろうと思われていました。しかし2022年の春以降、上場リートの株価が大きく値下がりしたにもかかわらず、BREITの価格はほぼ横ばいのままでした。

　商業不動産価格の下落の反映がなぜか遅れていると考えた投資家は、換金の際の価格が高いうちに引き出そうとし、これが膨らみ2022年の暮れに償還が一部制限されてしまいました。

「投資家が望んだタイミングどおりでは資金化できない」という
事態になったわけで、大変な騒ぎとなりました。これについてブ
ラックストーンは「流動性が低い大型物件へ小口の個人投資家が
投資するという商品の性格上、流動性はある程度は低くなる」と
しました。

　またBREITの価格が値下がりしていないことについて、ブラッ
クストーンは「上場リートは市場の需給で価格が決まるのに対し
て、BREITでは保有不動産のキャッシュフローによる評価をして
おりそれに応じたものだ」としています。しかし両方の議論とも、
ロジックはともかくどうも釈然としません。

　「個人向け」のはずのBREITにカリフォルニア大学基金が2023
年1月に巨額の出資をしたのですが、出資条件が一般の個人の
場合より大きく優遇されていました。ブラックストーンの説明では
「この優遇で個人投資家がワリを食うことはない」ようで、投資ス
キームを見ると確かにそう見えます。しかし大口の投資家が条件
的に「優遇された」ことは明らかなのです。

　BPP（ブラックストーン・プロパティ・パートナーズ）という機
関投資家等向けの商業不動産ファンドでも投資家からの償還請
求が巨額に溜まっています。これも商品設計どおりだとのことで
すが、やはり釈然としません。

　2015年に巨額買収をした戸数11,200戸の賃貸住宅団地では、
家賃の引き上げの可否を巡る裁判で敗訴となりました。投資とし
ては致命的な話です。敗訴の原因を一点だけに絞れば「政治リス
ク」です。ブラックストーンの「政治力」は期待されていたほどで
はなかったのです。

　フィンランドで2016年に買収した際の一部の物件のCMBS・残債数百億円をデフォルトとしたことも直近で明らかになりました。フィンランドはロシアとの国境線が長く、不動産市場の悪化にはウクライナ問題の影響があったとされます。しかしデフォルトはデフォルトです。

　同社が現在募集中の企業買収向け超大型ファンドでは、資金の集まり方が以前ほど良くありません。「オーラが薄れたので出資は取りやめる」とするところが出ることも危惧されます。

三井不動産リアルティ㈱発行REALTY-news Vol.95　3月　2023年　掲載

ホテルのプールサイドの「カバナ」が2023年の夏は熱くなる

　「カバナ」というのは、もともとは簡素なあずまやのことで、4本の柱の上に屋根を葺いて壁はないか、あっても布を垂らしただけという作りでした。日陰を得られて風通しもよいのでビーチで多く見られ、これがプールサイドにも持ち込まれました。

　カバナの発展形として当初は更衣室が付く程度だったのですが、シャワーや冷蔵庫、さらにエアコンやテレビ、ソファーにミニキッチン等を備えるものが増え、今では2階建てカバナも登場しています。グループで借り切ってプールサイドの「基地」とするには絶好です。

　ホテルの部屋から廊下を通らずにプールへそのまま出られるタイプの部屋も「カバナ」と呼ばれています。一般にホテルのカバナ・タイプの部屋の室料は高めです。

　問題はプールサイドのカバナです。アメリカで一部のリゾートホテルが「カバナの貸し切り」が非常に儲かることに気が付きました。あまりにも儲かるからでしょう、空撮写真を見るとプールサイド全体をカバナで埋め尽くしているホテルまであります。

　一日貸し切りの利用料は、大体400〜700ドル（5.3〜9.2万円）です。高い例では1,200ドル（15.8万円）、祝日絡みの日は2,500ドル（33.0万円）としたホテルもあります。下手をするとホテルの室料よりカバナの貸し切り料のほうが高いわけです。それでもカ

バナ人気はうなぎ登りで、値段について、去年（2022年）は一昨年（2021年）より15%から50%も値上げされています。メイン・ダイニングと同じ程度の売り上げをカバナで稼ぎだすホテルもあり、額で見てもばかになりません。

　ホテル宿泊者以外の外部の人が一日利用券を購入することも多く、こういった利用者はホテルの宿泊者よりもカバナでの料理や飲み物への支出が大きい傾向があります。Airbnbでこのような一日利用券を買えるホテルもあります。利用例としては、男性や女性の独身最後のパーティとか、中・高年の節目となる年齢の誕生祝い等、これらは確かに「プールサイドのカバナ」が適しています。パーティを一日中、のんびり・だらだらと楽しめます。

　ある方の利用例を見てみましょう。彼は自分の50歳の誕生日をラスベガスの大型ホテルの750ドル（9.9万円）のカバナで過ごしました。今は7月にラスベガスの別のホテルの550ドル（7.3万円）のカバナを予約しています。「カバナの値段が法外に高いことは確かだが、日よけがなければラスベガスでは焦げ死ぬ」とのことです。

　ホテルにとってカバナの新設や追加のコストは安く、手間も簡単で工期も短いはずです。今年（2023年）の夏は「カバナ・ラッシュ」になるのではないでしょうか。余りにも簡単に設置できるので、あっと言う間に供給過剰になってしまいそうな気もします。

　余談ですが、アメリカでは最近「チップ」の相場が上昇しました。一部のホテルではカバナの利用料に自動的に25%のチップをチャージしています。

（ドル＝132円／2023年4月7日近辺のレート）

三井不動産リアルティ㈱発行REALTY-news Vol.96　4月　2023年　掲載

サンフランシスコのビルが
「コロナ後で初の『新価格』」をためす

　サンフランシスコで三菱UFJフィナンシャル・グループが22階建てのビルを売り出していて、どのような値段が付くかが注目されています。ビル市場一般の空室増と金利上昇の中で大型ビルの売買がしばらく枯渇、今回の物件が「コロナ後で初の新価格」の取引となるのです。もうオファーが入っているはずです。

　今回のビルは立地は申し分ないのですが、核となるテナントが抜けて空室率は75％、築50年弱でリノベに数十億円程度はかかりそうです。2019年時点の評価額は３億ドル（405億円）だったのですが、今回の予想価格は僅か6,000万ドル（81億円）と、2019年の評価額のなんと５分の１です。

　このような激安価格が見込まれる特殊事情がサンフランシスコには二つあります。一つは、同市はIT企業が非常に多く、これらでリモートワークが進んだ結果、市の中心部のビルの空室率の増加幅が全米でも飛びぬけて大きくなってしまったことです。もう一つは市の中心部の治安の悪化です。ある高級スーパーでは、たむろするホームレスなどに店員が銃やナイフで脅かされたり消火器の泡を浴びせられたりし、１年強で568回も110番の出動要請をしました。似たような状況の店は他にも多く、「店員の安全を守れない」として閉店に踏み切っています。これではとてもオフィスへ出勤する気にはなれません。

　それでも今回の405億円が81億円というのは余りにも低く見えます。このビルのような「大きな空室を抱えるビル」について、日本人とアメリカ人は見方が異なります。

　日本でこの規模のビルの買い手となるのは不動産のプロかプロに準じた会社で、自分で空室を埋める自信があれば強気になるでしょう。昭和の時代は「空室は高い新規賃料で貸せるので空室があるほうが好ましい／あっても問題としない」場合さえありました。

　アメリカでは大型のビルを買うのは主に機関投資家やファンド等で、彼らが最も重視するのは「キャッシュをいくら生んでいるか」です。空室の営業は商業不動産仲介会社へ委託することが多く、ビルの購入検討時には保守的な計算をする傾向が見られます。

　三井不動産はアメリカへの進出の初期、ロサンジェルスやニューヨークで大型の超高層ビル3本を取得しました。立地や市場・建物等を検討し、物件の潜在性を評価するという日本的な発想で購入したものです。石油メジャーや地銀大手の本社ビルでは本社の移転が決まっていて、この空室の見込みのためにアメリカ的な発想では買いづらいビルでした。

　サンフランシスコよりははるかに軽傷ですが、ニューヨークでもコロナ禍で、地下鉄の治安が悪化しました。乗客数が9割も減り、恐喝や嫌がらせが増えたのですが、今は乗客数が以前の7割程度にまで回復したので、この問題は最近は聞こえてきません。

　アメリカのビル市場は二極化が進んでいます。金融市場も絡んで、当分は要注意な状態が続きそうです。

（ドル＝135円／ 2023年5月12日近辺のレート）

三井不動産リアルティ㈱発行REALTY-news Vol.97　5月　2023年　掲載

アメリカにおける
「リスティング」の過去と現在

　売却受託した物件を売り出すことを「リスティング」と呼びますが、この「リスト」はジロー (Zillow) やMLS (Multiple Listing Service) 他のコンピュータの中にある「仮想的なリスト」です。今は物件を目立たせるためにティックトックやYouTube、インスタグラム等のSNSと連動させる例も増えています。

　アメリカの不動産仲介業の「あけぼのの時代」の話にリスティングの由来が見えます。昔、不動産仲介業者たちは定期的に集まり情報を交換、「自分が受託した物件の買い手を見つけてくれたら手数料を払う」としていました。これが現在の「仲介手数料は売主のみが負担し、買主側業者への手数料は売主側業者から払う」という慣行に定着したようです。

　会合の際には「新規の売り出し物件のリスト」も作られていて、これがそのまま今も「リスティング」という言葉として使われているのでしょう。

　現在、アメリカの不動産仲介業者への規制や監督を実質的に担っているのは「全米リアルター協会 (NAR)」です。同協会が行政上の組織ではなく民間の業界団体だという点は特徴的です。民間の組織なのに絶大な権限を持つに至った出発点は、前述の情報交換会にありそうです。各業者はこの会に参加できなくてはビジネスになりません。問題を起こした業者に出席を許すかどうか

は情報交換会自身＝民間が決めていた、すなわち自主規制だったのです。

　なぜ現代でも全米リアルター協会の権威が大きいのか、その理由をヒアリングしたことがあります。仲介業者は売買の際の各所で、同協会の会員であると書き込むことが求められ、会員であるなら難なく進む手続きでも、会員でない場合は仕事にならないと聞きました。会員資格が取り消されると、仲介業者にとっては死活問題なのです。

　さて直近のリスティングの様子を見てみましょう。新型コロナの際に金利が極端に引き下げられ、新規の購入時だけではなく既存の住宅ローンの借り替えも盛んになりました。本来、もう売却に回るべき物件だとしても「３％の住宅ローン」を借りている人にとって、その家を売って新しい家を「７％弱の住宅ローン」で買うことはどうにも気が進みません。

　2023年４月の新規のリスティング数は前年比で21％減少、2019年比で31％減少です。供給が少ないために購入者間では激しい競争が起きています。

　この競争に疲れた購入希望者は、郊外のビルダーの物件に向かっています。ビルダーの物件は希望すれば必ず買えますし、その後のいろいろな予定も立てやすいわけです。なおアメリカの「ビルダー」とは注文住宅の会社ではなく、日本での建売り業者に近い形態です。販売方法は着工前の図面売り、建築工事中物件の売り、竣工済み物件の売りが中心です。

三井不動産リアルティ㈱発行REALTY-news Vol.98　６月　2023年　掲載

海外のメディアでよく出てくる
日本のリゾート地・観光地

　日本の「インバウンド関係」がどう報じられているか、海外のメディア5紙からつまみ食いでご紹介しますが、その前に気になる直近の動きを一つだけご報告します。

　中国勢の動きなのですが、従前の中国本土と香港と台湾に加えて、今後はシンガポール発の資金にも注意すべきです。習近平が唱える「共同富裕」の実態は「富裕層締め付け」であることがはっきりし、大量の中国人富裕層がエクソダスを図りつつあります。顕著な動きはシンガポールで見られ、中国人の投資会社が現在、続々と設立されているところです。

　これらの中国系投資会社はまだ本格的な投資を始めていません。しかしこれが始まれば日本の不動産も有力な投資先の一つとなることは明らかです。最有力なセクターであるホテルでは動きがもう以前から始まっていて、たとえば熱海の老舗旅館の「つるや」の再生は香港資本が行いました。しかし中国資本がバックにいる可能性は十分に想像されます。

　さて、海外のメディアで良く出てくる日本の観光地をざっぱくに見ていきます。

　北海道のニセコは、もう世界的にもメジャーなスキーリゾート地となっています。

　青森県の酸ヶ湯温泉はこのような豪雪地帯に人が住んでいる

点で世界的にも稀です。ちなみに長野の地獄谷温泉でサルと並んで入浴する写真が定番だった時期がありました。

　岩手県の盛岡は先日、旅行先ベスト52の2番目に出ていました。新幹線で東京からすぐだという点と、街が小さくて「歩けるサイズ」という点が高く評価されています。

　盛岡と似た感じで過去に2回出て来たのが「日本でもっとも癒される港町」を標榜する広島県の「鞆の浦（とものうら）」です。記者の「癒され具合い」が伝わる「名文」の記事でした。

　富士・箱根・熱海の観光案内所は6か国語対応ですが世界的にはこの程度は当たり前です。

　伊勢神宮・那智・熊野古道はスピリチュアルなものに関心を持った外国人が訪れます。訪日経験が何回かあるという人はもちろん、「初めての日本が『伊勢神宮』だ」という人もいます。

　熊野古道は先日、「2週間歩いた」という人が出ました。これほどの長距離のルポは初めてなのですが、「熊野古道」の話より「人生の思い出」を振り返った部分のほうが長い記事でした。

　京都は別格です。「できれば『お金持ち』だけに来て欲しい」という正直な話がありましたが、京都に限らず、超人気観光地の地元の住民が同じ思いを持つ例は世界に多くあります。

　「おおさかのオバちゃん」のキャラは世界的にも知られていて、彼女たちはとても親切に道を教えてくれるが、実は「教えながら自分たちが楽しんでいるのだ」と見破っていました。

　下関のフグは英語では「毒の魚」と書かれ、これだと食べるのに確かに勇気がいります。

　福岡も先ほどの旅行先ベスト52の19番目に登場、屋台とラー

メンが魅力なようです。

　本稿をまとめながら気づいたのは、世界にはもの好きな人がず
いぶんと多いということと、世界的に有名なメディアはどれもそ
の読者は大した金持ちではなさそうだということです。プライベー
トジェットや自分のヨットで訪日する場合の話は、一つもありま
せんでした。

三井不動産リアルティ㈱発行REALTY-news Vol.99　7月　2023年　掲載

おわりに

　世界の不動産の話は面白い。

　私が初めて中国に接した36年前、中国人はまだ「不動産を私有する」ことに実感を持っていなかった。10年後、中国の学生たちの前で自分の勤務先は「三井不動産（サンセイプートンチ）」だと言ったら、爆笑が起きた。

　たぶん「不動産（プートンチ）」という中国語にない表現が面白かったのだと思う。

　英語にも「不動産」と一対一で対応する言葉はない。厳密に言えばあることはあるが、めったに使われない。資産を「動かせるもの（動産）」と「動かせないもの（不動産）」にまず二分するというのは、明治時代に大陸（たぶんフランス）から輸入した考え方なのだろう。

　本書では不動産という言葉がない世界での不動産ビジネスを語るわけなので、もどかしさを感じる方もいらっしゃったと思う。

　それでも地球儀を見るように、外側から見たほうがわかりやす

いこともあるのだ。

　本書制作にあたりご協力いただきました方々に、この場を借り
て感謝申し上げる。とくに三井不動産リアルティ株式会社には深
く感謝申し上げる次第である。

●著者紹介

坪田　清 (つぼた・きよし)

1953年　東京に生まれる。

1972年　筑波大学附属駒場 (当時・東京教育大学附属駒場) 高等学校卒業

1976年　東京大学工学部都市工学科 (都市計画コース) 卒業

1976年　三井不動産㈱入社。首都圏建売、建売別荘、海外事業、ビルディング事業を担当。

1985年より同社関連事業部勤務。海外子会社も含めた全子会社の総括監理、三井不動産販売・三井ホーム・オリエンタルランドの新規上場および新規上場の下準備、その他子会社・関連会社のM&A等を担当。非上場有価証券に関する法務・税務を得意とする。

1993年に同社S&A研究所に勤務して以来、一貫してグローバル不動産経済の動向調査や海外からの視点による日本の不動産・政治経済に対する論調調査・分析に従事。また同研究所勤務中に役員からの特命業務数件を担当。

1999年に同社企画調査部に勤務。英文情報で伝えられる、主として海外の直近の不動産関連の出来事・分析等を集約し、社内の関係各所あて多数に向けて高頻度で情報を発信 (本業務が現在の「グローバル不動産経済研究会」につながっている)。

また、三井グループの横断的シンクタンクである三井業際研究所において各種委員を歴任。

2014年6月、三井不動産㈱退職を機にジャパン・トランスナショナルを起業、会員制の「グローバル不動産経済研究会」を主宰し、情報提供サービスを各種の不動産サービスを提供すると同時に、各種セミナーでの講師を積極的に行っている。

著書に『三井不動産との邂逅』(自費出版)、『外資のプレイヤーに会う時に読む本 - グローバル不動産経済の読み解き方』(文芸社) がある。

本文写真 ©alan,blvdone,DOUGLAS,evening_tao,IRStone,jose,PhotoSpirit,Vlad
Ispas,warasit - stock.adobe.com

世界の不動産経済の潮流

2024 年 2 月 14 日　初版発行		©2024
著　者	坪　　田　　清	
発行人	今　　井　　修	
印　刷	亜　細　亜　印　刷　株　式　会　社	
発行所	プ　ラ　チ　ナ　出　版　株　式　会　社	

〒 104-0031　東京都中央区京橋 3 丁目 9 － 7
京橋鈴木ビル 7 Ｆ
TEL 03-3561-0200　FAX03-6264-4644
http://www.platinum-pub.co.jp